新时代
营销
新理念

引爆

中小微企业
用户深度运营实践

安书禾◎著

清华大学出版社

北　京

内 容 简 介

本书是一本针对中小微企业的低成本、系统化、人人可用的用户/粉丝运营工具书，是围绕用户/粉丝的生命周期，深度挖掘赢利价值，让商业价值增长的系统方法论，也是中小微企业的创业者或者承担用户/粉丝运营职能之人从入门到精通的实践工具书。

作者结合自身丰富的商业场景实践经历及常年学习沉淀的知识，从商家端、达人端、流量端、平台端四个角度出发，输出这本中小微企业人人都可用的用户运营实践手册。希望可以帮助你在用户运营这个维度脱颖而出，实现粉丝增长、交易赢利。

图书在版编目（CIP）数据

引爆：中小微企业用户深度运营实践 / 安书禾著. --北京：清华大学出版社，2025. 8.
(新时代·营销新理念). -- ISBN 978-7-302-70145-3

Ⅰ. F276.3

中国国家版本馆 CIP 数据核字第 20255SK737 号

责任编辑：刘　洋
封面设计：方加青
版式设计：张　姿
责任校对：王荣静
责任印制：丛怀宇

出版发行：清华大学出版社
　　　网　　址：https://www.tup.com.cn，https://www.wqxuetang.com
　　　地　　址：北京清华大学学研大厦 A 座　　　邮　　编：100084
　　　社 总 机：010-83470000　　　　　　　　邮　　购：010-62786544
　　　投稿与读者服务：010-62776969，c-service@tup.tsinghua.edu.cn
　　　质 量 反 馈：010-62772015，zhiliang@tup.tsinghua.edu.cn
印 装 者：大厂回族自治县彩虹印刷有限公司
经　　销：全国新华书店
开　　本：170mm×240mm　印　张：15.25　插　页：1　字　数：228 千字
版　　次：2025 年 10 月第 1 版　　　　　　　印　　次：2025 年 10 月第 1 次印刷
定　　价：69.00 元

产品编号：102755-01

我第一次接触用户运营是在 2015 年。

当时的我虽然从事的是商家端业务，但总能够下意识地借助用户工具或分析用户数据，找到商家端业务增长机会点。正是在这样的机缘巧合下，我对用户运营和用户增长业务产生了极为浓厚的兴趣，经过不懈努力，后来顺利转型为用户运营。

当然，这个过程并不轻松。

我将实践与理论相结合，在多个用户项目磨炼的同时，结合阅读书籍、学习课程、向经验丰富的人学习，多种方式齐头并进。通过多线成长路径摸索、项目复盘总结、有效知识点提炼，再进行方法论沉淀。终于，我总结了一套完整的用户运营方法论。这套方法论也帮我应对了非常多复杂的业务场景难题。

可能是因为自己在转型过程和成长阶段中，遇到了非常多的困惑，走了很多弯路，因此，这些年来，我一直有一个愿景，这便是将这些内容总结为一本让人看完就能用起来的实践工具书，让大家少走三年弯路！

我结合了自身丰富的商业场景实践经历及常年学习沉淀的知识，从商家端、达人端、流量端三个角度出发，并结合丰富的经典商业案例去阐释，成功沉淀出了这本中小微企业人人都可用的用户运营实践手册。

这本书看完，你能学会什么呢？我总结如下几点内容。

（1）我基于大量的实践和复盘总结，梳理出一套适用于中小微企业的用户运营系统方法论，这是一本集道、术、法、器于一体的实践工具手册，有目标、有路径、可落地。

（2）为适应想要从事用户/粉丝运营并提升用户思维的粉丝/用户运营人、营销人、产品人、新媒体人、分析师等，靠流量用户为王的达人、自媒体人等中小微企业的创业者，缺乏系统用户/粉丝运营策略的中小品牌方、工厂经销商的负责人的需求，提供了搭建完整的用户营销系统化知识框架、方法论，有模型、有经典商业案例。

（3）从掌握供应链优势的品牌商、工厂经销商和具备流量优势的达人等双重视角，对中小微企业的用户运营进行案例分析和方法论总结，集方法论、经典案例于一体。

（4）从商业模式到用户群体构建划分到流量高效营销赢利赋能，讲述中小微企业中人人都需要的用户商业价值增值十倍的方法。

（5）融入了 AIGC、短视频、直播内容、私域流量等最前沿的打法。

作为一个 intj 型人格，分析总结输出策略一直是我擅长且感兴趣的事情，因此我总结了中小微企业的用户运营系统方法论，希望更多跟我一样持续摸索成长的人，可以因为看完这本书而少走弯路！

安书禾

目录

第4章

有效用户管理的方法论　/　093

第7章

联动公私域：优质内容撬动吸粉和赢利 / 151

运营

用户运营的 5 个概念

第 1 章

1.1 用户运营对于中小微企业的价值

1.1.1 中小微企业生存现状、发展机会点及趋势

1. 本书中小微企业定义与范围

根据《中华人民共和国中小企业促进法》和《国务院关于进一步促进中小企业发展的若干意见》（国发〔2009〕36号）相关内容，可将中小企业划分为中型企业、小型企业、微型企业三种类型，具体标准根据企业从业人员、营业收入、资产总额等指标，结合行业特点制定。其中，统计批发业和零售业的中、小、微型企业划分办法（2017）划分标准见表1-1。

表1-1 批发业和零售业的中、小、微型企业划分办法（2017）划分标准

行业名称	指标名称	计量单位	中型	小型	微型
批发业	从业人员（X）	人	20≤X<200	5≤X<20	X<5
	营业收入（Y）	万元	5000≤Y<40000	1000≤Y<5000	Y<1000
零售业	从业人员（X）	人	50≤X<300	10≤X<50	X<10
	营业收入（Y）	万元	500≤Y<20000	100≤Y<500	Y<100
	营业收入（Y）	万元	2000≤Y<30000	100≤Y<2000	Y<100

因此，基于上述可以总结，微型企业的特征主要有3个，分别是规模小、经营范围有限、以个体经营为主；小型企业的特征主要为规模中等、经营范围较广、可涉及多个业务领域；中型企业的特征主要为规模较大，经营范围广、抗风险能力较强、有一定行业知名度和地位。

2. 中小微企业生存现状

中小微企业在当前的生存和发展过程中有机遇、有挑战。从机会点看，中小微企业创业的黄金时代已经来了，因为达人流量内容的闭环冲击，不少企业想要逆风起盘，但是由于不同阶段会遇到不同的问题，业务增长上总是会遇到瓶颈。中小微企业只有突破业务发展瓶颈，才能迎来业务的逆势增长。

中小微企业在业务增长过程中常见的瓶颈主要有以下6个方面。

第一，市场瓶颈。面对激烈的市场竞争，市场需求不稳定、政策变化难

料等问题，中小微企业抗风险能力相应较弱，往往更容易受到影响。这些市场瓶颈会导致企业销售额难以持续增长，甚至导致资金周转失败以致生存空间被挤压。

第二，资源瓶颈。不同企业对于资源的依赖程度有所不同，尽管如此，有资源优势的企业总能够在发展中以更低成本更高效能地占领自己的市场。而中小微企业市场竞争力往往较弱，会导致资金、人才、物资、客户等资源的匮乏与欠缺。

第三，技术瓶颈。技术发展离不开资源的投入，因此在资源匮乏的情况下，技术型的中小微企业往往会面临技术难以更新、无法推出更有技术优势的竞争力产品等难题，相比之下技术要求没有那么高的企业所受到的影响会小一些。

第四，模式瓶颈。如果没有找到正向的赢利模式，中小微企业会难以保证有稳定的现金流保障业务正常稳定地发展。找到合适的发展模式，让企业持续稳定地产生赢利是中小微企业需要深入研究的课题。

第五，品牌瓶颈。中小微企业往往在品牌建设上的投入成本较小，缺乏口碑和传播度。没有品牌加持，产品会面临利润低、传播度差、推广难等一系列问题，一定程度上会限制企业业务增长。

第六，经营管理瓶颈。组织架构不合理、管理流程不完善、业务协作不顺畅等都会导致企业低效运作与人效低下等问题。

3. 中小微企业增长的三大基石

不同的企业存在的问题各不相同，且不同发展阶段所遇到的问题总有差异。对中小微企业而言，打磨好自己的产品，将产品推广给目标人群并进行转化，打造品牌并提升品牌价值这三点对于突破瓶颈尤为重要。

首先，打磨好产品是中小微企业发展的基石。产品价值、质量、性能、口碑无不影响着企业的市场竞争力。注重产品研发和生产工艺以不断提升产品品质和创新性，创造打磨好符合市场需求且让顾客满意的商品，是每个企业都需要考虑并且持续精进的事情。

其次，将产品推广给目标人群并进行转化是企业营销的核心。中小微企业需要通过充分的市场调研、清晰定位市场价值，明确目标客户画像和消费习惯，找到匹配的推广渠道，并制订切实有效的营销策略，提升品牌的曝光度和知名度，将产品推广传递给准确的目标群体，吸引更多的潜在精准客户。

最后，打造品牌并提升品牌价值是中小微企业长期发展的关键。品牌是企业的核心竞争力之一，能够赋予产品附加值，提高产品的溢价能力，从而提升市场影响力。中小微企业应当重视品牌建设，树立良好的产品口碑和企业品牌形象，不断提升品牌的认知度和美誉度，打造用户的心理锚点，赢得客户信任度和认可度，从而提升购买客户规模。

做好上述三点，中小微企业才能够突破发展瓶颈，在市场竞争中逐渐找到自己的增长引擎。

4. 中小微企业的发展机会点

尽管存在业务发展瓶颈，中小微企业在这个时代的发展机会点依然不少。

排在首位的就是短视频直播。它的兴起为内容行业带来了巨大的变革，头部内容平台迅速积累了大量的流量，加速了内容行业的聚合变迁。随着移动互联网的普及，用户对于碎片化内容的需求激增，短视频快速占领了用户心智，延长了用户沉浸式看短视频的时长。

从长图文到短图文再到短视频直播等，内容形式不断变迁，为创作者提供了更多的职业机会，自媒体行业空前繁荣。

第一，短视频直播兴起，迅速积累大量流量，平台在加速内容行业的聚合，为创作者提供更多机会，内容自媒体发展空前繁荣。一方面，创作者有了更多展示才华的机会，并有机会吸引更多粉丝关注自己，让自己创作的内容更多曝光，通过优质内容不断提升自己的粉丝规模以及社交平台的影响力和商业价值。另一方面，广告主能够通过达人营销和内容平台广告投放等形式，多样化选择契合业务目标的营销渠道。

第二，以 ChatGPT 为代表的人工智能（Artificial Intelligence，AI）为中小微企业发展提供多方面帮助，从而降低了成本，提升了市场竞争力。AI技术可以取代一些基础但耗费人力的内容，提高人效产能，比如基础的文案编写、梳理会议纪要、写商品评论、脚本创作、图片生成、基础代码编写等；AI

技术可以辅助企业进行自动化生产和流程作业，一定程度上可以让企业快速响应市场需求；AI技术可以帮助企业优化用户体验，采用智能机器人客服系统，可以快速响应用户需求和反馈，等等。

第三，"中小商家"和"低价"成为国内各大电商平台的主要群体和竞争要点，比如淘天集团在2023年"双11"启动会宣告"全网最低价"的目标，抖音电商则主打"单品价格官方直降15%起"。除此之外，国外电商平台也开始渗透低价市场，比如亚马逊。这对于中小微企业是机会也是挑战，如果能够找准细分市场和细分市场中合适的优势商品，并找到适合自己的出货平台，那么还是能够从中赚到可观的收入。

第四，市场细分与个性化需求。小而美这个词相信大家并不陌生，但真正能够专注于细分市场，并且找到自己的优势商品、特定地区市场和特定的目标受众是非常难能可贵的事情。很多情况下，非常多的企业无法真正清晰定位自身，总是做着"既要又要还要"的决定，因此很难找到自己的竞争优势壁垒。但是随着用户个性化需求的增加以及圈层效应的深入，中小微企业如果能够找准定位，就能通过市场细分和满足个性化需求来为自己赢得竞争优势。

第五，政策支持和扶持措施。政府对于中小微企业的支持力度较大，包括创业补贴、减税政策、贷款优惠等。

第六，灵活性强且创新度高。中小微企业有着企业人员少、组织结构相对简单等特点，这为面对市场变化快速调整竞争策略和业务方向带来了天然的优势。中小微企业具有强有力的灵活性，并且激发着其创新力，让产品和创业市场形态更为丰富。

因此，中小微企业在业务发展过程中处处充满了机遇，只要有敏锐的市场感知力，并能够不断创新突破，这些企业就有非常大的机会获得业务发展和增长。

5. 中小微企业发展趋势

中小微企业发展在机遇浪潮中迸发出更多的生机，在不断创新中发展，在不断转型中定位方向，在不断迎接挑战和业务迭代中提升业务增长能力和抵抗市场风险能力。那么，对于这些中小微企业来说，什么才是它们的发展方向和趋势呢？笔者打算从 4 个方向进行分析。

第一，生态化入局。腾讯、阿里巴巴、字节跳动等互联网企业，掌握着数亿日活跃流量，都在致力于打造符合自身定位的商业生态。商业生态中不同的角色都有着差异化的定位与需求，这也为中小微企业提供了非常多的业务发展机会，达人、广告主、服务商等具有不同能力和商业赢利方式的生态角色都有机会挖掘到自己的财富。

第二，数字化转型。随着人工智能、物联网、大数据、云计算、算法推荐等高新产业技术的不断发展和成熟，作为生态中的一环，中小微企业可以借助平台能力，积极实现数字化转型，提升企业自身运转效率，降低流量获取成本，提升市场占有率。

第三，国际化发展。国际贸易发展迅猛，国内非常多的企业业务都在走向全球，对国际市场的重视度和影响力逐步提升。对于中小微企业而言，国际市场是非常大的一块蛋糕，如果有机会让自己的产品或者影响力走出国门，会非常有价值。

第四，发挥创新力。只有不断创新，才能推动行业持续发展，有技术、有创新，才能为行业持续注入新鲜血液及发展生机。

当然，中小微企业的发展机会点不仅仅局限于此。只有持续性地研究和关注，才能帮助企业自身持续发展，让业务持续增长成为常态。

1.1.2 用户运营助力中小微企业的本质、逻辑及商业模式

1. 用户运营助力企业的本质

不得不承认，用户对中小微企业能否持续发展起着至关重要的作用。

用户运营助力企业的本质在于企业和用户之间建立良好的关系。用户对于企业产品和品牌存在认知并会衍生出品宣、交易等价值，而企业能够深入了解市场需求、听到用户的声音并理解其需求，在此基础上提供匹配的解决方案。如此，用户和企业才能各自满足自身需求并实现相应价值。有效的业务决策，可以帮助中小微企业不断优化打磨产品，并找到自己的商品市场受众用户，从而实现口碑塑造和用户购买。

1）用户至上

用户运营的本质是将用户放到决策的关键位置。企业须通过收集用户遇到的问题，深入了解用户对产品的反馈、需求，并通过市场调研、一对一互动沟通、数据分析等方式，刻画清楚用户画像，基于需求为用户提供更好的产品和服务。

2）个性化服务

基于用户行为数据和画像，企业可以掌握用户的需求。对于差异化的用户需求偏好，企业可以设计并匹配对应的产品和服务，提升用户体验和产品口碑。

3）有效转化

不管是通过何种路径或渠道触达并成功获取用户，这些用户通过粉丝或者客户等形式存在，企业需要与用户建立良好关系，并且进行运营维护，让用户产生更多价值。这些价值包括互动、交易、赢利、转介绍新用户等，最终都产生了有效转化。

4）建立口碑

打磨好产品和服务是基础，在此基础上，企业应通过诚信经营和优质服务，增强用户的信任度，打造好的口碑。建立口碑的价值既可以沉淀用户的高价值行为，比如产生复购和转介绍新用户等行为，既促进业务持续增长，也可以为企业带来优质声誉，帮助企业塑造品牌形象，提升商业价值。

5）沉淀资产

用户反馈和行为数据对于企业来说都是宝贵的资产，可以驱使企业发现问题、优化产品，从而让产品更加符合市场需求，让决策更加正确，以期获得更大份额的市场。

总结下来，用户运营助力中小微企业的本质是找到用户，建立良好关系。基于用户需求偏好，提供个性化服务，并通过好的产品和服务，产生持续转化价值，建立优质口碑，促进业务持续增长。毕竟，用户才是业务增长的关键，所以找到足够精准的用户非常重要。

2. 用户运营助力企业的逻辑

用户运营助力企业的逻辑是建立企业与用户的联系，运营维护用户，促进用户活跃度并延长用户的生命周期价值。

达人或广告主可通过公域及私域的方式进行用户建联。

从公域层面看，达人或广告主可以通过注册平台账号（平台包括但不限于小红书、抖音、快手等）并在平台上面经营自己的账号，吸引粉丝关注，提升账号商业价值，并且通过输出内容和商品获得流量曝光，与用户建立起初步联系。

从私域层面看，达人或广告主通过公域获得的流量曝光与用户建立的联系较弱，很大程度上并不能为自己经营所用，因此中小微企业可以通过公域平台引流到自己的微信生态，或者自己独立建立App或商城进行用户资产沉淀，通过朋友圈、微信群、私信、视频号、公众号这种微信闭环私域生态，以独立App或商城通过产品化手段进行用户触达和运营。达人和广告主作为中小微企业的主要形态，可以建立与用户的深度联系。

1）提升用户活跃度

达人或广告主想要提升用户活跃度，就必须通过提升内容、产品、服务的优质度，获得竞争优势，从大量的市场竞争者中脱颖而出，赢得用户的喜爱和关注；与此同时，中小微企业须对这部分流量进行承接，并分层给予匹配的差异化价值，包括但不限于收益、情绪、产品、服务等价值，让用户愿意跟企业产生交互，持续产生活跃行为。

2）提高用户生命周期价值

用户生命周期价值（Customer Lifetime Value，CLV）是指一个用户从与企业建立联系开始到流失的整个时间周期内所创造的经济价值和贡献，包含购买产品服务金额、转介绍新用户、召回沉默老用户等。

因此，对于企业来说，在用户生命周期价值大于获客成本的情况下，用户能够为企业创造赢利。用户生命周期价值越大，用户所创造的赢利越多。

3. 用户运营助力企业商业模式构建

商业模式画布（The Business Model Canvas）这一概念和模型最早是由《商业模式新生代》（*Business Model Generation*）的作者伊夫·皮尼厄（Yves Pigneur）和亚历山大·奥斯特瓦德（Alexander Osterwalder）提出的。

企业可以借助商业模式画布工具对商业模式进行清晰定位。

商业模式画布包含9个子模块，分别为：①顾客细分；②价值主张；③渠道；④客户关系；⑤收入来源；⑥关键资源；⑦关键活动；⑧合作伙伴；⑨成本结构。第一个子模块便是顾客细分，优先级排序足以说明用户精细运营对于企业构建商业模式、找到竞争优势具备重要价值。

好的商业模式需要明确企业核心为什么能给受众客户解决问题，满足什么需求，提供何种价值。用户需求驱动影响着企业商业模式构建和商业决策方向，是不可或缺的关键环节。

1.1.3 做好用户价值运营，推动企业突破发展

做好用户价值运营的核心是围绕用户生命周期展开运营，从用户引入到用户成长，用户生命周期对于企业有着重要价值，贯穿企业经营的每个环节。企业做好用户价值运营的关键是在延长用户生命周期的同时创造并提高用户单位时间的价值。

1. 如何延长用户生命周期？

1）丰富触达通道，和用户持续链接

不同的触达通道面向不同的用户群体，保持通道的多样化，可以帮助企业和用户保持紧密且持续的链接。丰富的触达通道，包括但不限于线上渠道，如社交媒体、电子邮件、短信、网站客户端，及线下渠道，如展会、实体店等。

一方面，丰富的渠道可以帮助企业了解用户最真实的需求和反馈，基于用户需求反推企业制订和提供契合用户需求、价值匹配的产品和服务；另一方面，用户可以和企业产生深度互动。企业可以借此沉淀一批品牌忠实粉丝，并有机会培养他们成为可以产生更高价值的品牌种子用户。

小米就是其中最好的代表。如果没有一批"发烧友"为产品热血沸腾，小米又怎么会从籍籍无名到现在享誉全球呢？正是这批种子用户为科技而生、为热爱而"疯"，才让小米品牌快速从中关村崛起，成长为巨厦。

2）匹配用户画像，找准切实需求

记录用户行为、收集用户数据，企业可以通过对用户数据进行深度分析

和挖掘，建立用户画像，进而构建起对于用户的兴趣喜好、行为特征、消费习惯的广泛认知。

企业想要吸引用户，让用户做出更有价值的行为，比如下单评论、邀请裂变等，需要切实满足用户的基础需求，服务好用户，甚至提供超出预期的惊喜。

精准的需求匹配可以提高用户满意度，提升口碑传播范围，进而增加用户黏性并推动企业发展和突破。以千人千面产品的底层逻辑为例，千人千面的核心是针对消费者需求个性化提供精准需求匹配的推送结果。平台根据用户标签、商品标签、内容标签，基于大数据和 AI 技术明确了解用户完整行为的数据，并进行流量分配、满足精准需求，进而进行精准结果推送。

3）赢得注意力，给用户停留理由

在信息碎片化的时代，赢得用户注意力，吸引用户停留，中小微企业便可为自己争取更大的赢面。

用户是企业发展的根本动力和价值所在。

企业想要赢得用户注意力，占领用户的时间的前提是满足市场需求和用户期待，并持续创新迭代，适应持续变化的市场需求，让自己保持"小而美"的竞争力。

除了满足用户期待、提供优质的产品和服务、提供用户所需的解决方案，中小微企业也应该注重用户体验和反馈，持续优化产品服务，确保用户满意度和品牌口碑，成为用户信任的对象。

4）提供优质服务，提升用户满意度

企业不仅要致力于为用户提供优质产品，更要致力于为其提供优质的服务，以提升用户的满意度。用户满意度最直接的反馈便是口碑和评价。不管是互联网的评价体系还是线下口口相传的口碑，好的商品总能够赢得客户的信赖。当然，对不好的地方如果不做调整，放任自流，那么可能会带来无法挽回的不良影响。

短视频平台的成熟发展，使得人人都有机会成为内容创作者，因此，他们对于产品服务评价的承载形式，从最初的线下口口相传，到后来的线上点评及淘宝等传统电商平台的店铺商品评价体系，再发展到目前的抖音、快手、视频号、小红书等内容平台的观点表达。

人人都是消费者，人人也都可以成为发声者！

因此，中小微企业始终贯彻以用户为中心，不断倾听用户的需求反馈，并及时解决问题，确保用户有良好体验，提升用户的满意度和忠诚度，必要且重要！

5）打造良好口碑，树立正面品牌形象

俗话说得好："打铁必须自身硬！"过硬的专业能力可以为中小微企业带来正面品牌形象。

中小微企业在打磨好产品本身的同时，提供更多超出用户预期的服务，给用户意想不到的惊喜，才能在竞争市场中，突破重围，逐步积累优质口碑，建立起相对周期内的价值壁垒。产品在长期的市场竞争中保持竞争优势，并持续进行口碑累计，借助内容平台流量的势能加持，假以时日，定能厚积薄发！

如何创造提高用户单位时间价值？

（1）打磨核心产品，交付产品超预期

产品是一切的根本，想要获得更优质的用户，并让他们产生相关的价值，企业首先需要打磨自己的产品。只有深入了解用户的需求，基于市场和用户的反馈去研发创新，并不断调试提升产品的性能，持续优化产品的核心功能，企业的产品才能服务好目标用户群体的根本需求。打磨好核心产品，力求交付的产品超出用户的预期，让用户感受到企业的真诚，从而逐步提升用户单位时间的价值和产出。

（2）建立产品矩阵，提供增值服务

企业在持续打磨核心产品过程中，往往会收到许多用户反馈，正向的、抑或负向的。这些都是市场的声音，多样化可以帮助企业甄别真需求，并让核心产品打磨得更好，甚至迭代为产品矩阵。因此基于核心产品建立并完善产品矩阵，让产品能够为用户提供多样化的功能，并满足不同需求，显得尤为重要。不同产品矩阵可以满足用户的差异化需求，让用户为不同的目的去买单，也能够增强企业的赢利能力。当然除了产品本身，企业也可以提供并发展不同的增值服务，增加产品附加值的同时，为用户创造全面的惊喜感。

这些增值服务包含定制化服务、一对一培训、售后处理等。秉持以用户为中心的理念，基于核心产品优化打磨延伸完善的产品矩阵，以满足用户多样化的需求，确保用户在使用过程中获得更多的价值，享受超值的服务和便利，是重中之重。

（3）及时承接流量，筛选优质用户

有了产品矩阵后，中小微企业往往会计划通过有效的市场推广，包括不限于广告投放、营销推广、媒体渠道宣推等方式，触达并吸引大量的潜在流量。这些流量在广告卖点或者推广者利益点足够有吸引力时，便会涌入。此时，承接好这一大波流量，便是刻不容缓的事情。

通过数据分析和用户调研，我们可以从这波流量中及时筛选出相对优质的用户群体。我们将重点关注目标用户的需求，关注其行为表现特征，进而挖掘真需求，以提供更为个性化和精准匹配的产品或者服务，进而获得有效成交，在为企业创造最大化收益的同时树立良好业内口碑。该措施可持续为企业带来优质用户资产。

（4）分层运营，匹配对应产品服务

除了筛选沉淀优质用户，企业须基于前面大量涌入的流量，做基础人群分层，并对整体用户进行分层和管理，了解明确不同层级用户所关注的重点，他们所期待获得的服务和权益，以及他们是否愿意为之付费，再针对不同群体提供差异化的产品服务，并合理地定价以完成销售转化。

通过深入了解用户的偏好和需求，企业能够更加准确地匹配有效的产品，并提供匹配的服务解决方案。这将有助于企业赢得市场竞争力，在满足用户需求同时带来产品成交，创造"双赢"局面。

（5）激励机制，制订成长激励策略

激励策略的设置主要是为了进行用户价值的长期运营和提升。因此，建立激励机制，制订一套有效的用户成长引导策略，对提升用户单位时间价值及延长用户生命周期尤为重要。用户运营人员可以通过激励补贴、积分兑换、成长体系等方式，为用户提供有效的奖励、福利及服务。比如用优惠券、折扣、专属礼品等，鼓励引导用户积极参与互动，使用企业的产品。这也是中小微企业常用来提升用户生命周期的方式。

（6）培养忠诚度，占领用户心智

增强用户对于品牌的认可和信赖，培养忠诚度，对企业来说至关重要，但也并非易事。

企业想在同类竞争中赢得胜利，产品品质、价格力、营销推广层面都应有竞争优势，个性化的服务则可在一定程度上助力中小微企业和客户建立更为紧密、稳固、信任的关系。

为什么中小微企业提供个性化服务，有利于建立稳固信任的关系呢？

因为，个性化服务代表了企业更深层次的竞争能力，多维度满足了客户需求，优化了客户使用体验，包括但不限于工具支持服务、会员客户一对一专员跟进、专属权益等个性化服务。这些都有助于提升品牌价值，实现用户忠诚度持续增长。

（7）数据驱动决策，提升用户交易转化

市场和用户调研反馈可以帮助企业了解需求和痛点，进行问题的定性。数据则能够帮助企业进行定量验证。

通过数据驱动决策，中小微企业可以深度分析客户的行为和价值偏好，明确客户究竟为什么而买单，在什么环节出现了客户流失，进而通过改善产品服务和流程优化，促使更多客户完成购买。

当然，要了解客户是否愿意留下来，还需要借助用户调研情况进行进一步定位。

打个比方，红红是小红书平台上一个粉丝10万的读书博主，她平日除了拍摄视频上传平台，通过接广告和开通橱窗带货卖书，还研发了一套售价398元的读书会课程进行销售。她通过实践发现，微信社群这个场域的成交效率更高。因此，红红持续将粉丝引导至自己的微信社群内进行运营，借助朋友圈打造人设，并对社群进行深度运营，将这套售价398元的读书会课程进行了社群发售，达成了较为不错的销售结果。

对于这个结果，红红并不意外，这取决于两点，分别是市场反馈收集调研和用户行为数据分析。以红红为代表的自媒体博主们可以通过公域将粉丝一步步引流到私域承接，在私域进行用户深度运营，最终完成销售，形成很好的商业闭环。

数据可以帮助中小微企业进行用户行为分析和价值偏好定位，并助力企业找到业务增长的流量胜负手。精细化运营用户可以帮助企业产生持续交互和链接，并产生更多经济效益，进而推进可持续经营。

1.2 用户运营必备的思维与认知

1.2.1 高阶用户运营人员所需具备的思维模型

"增长黑客"这一概念曾一度非常火爆，一个专业高阶的用户运营同样也是一名优质的增长黑客。即便市场需求不断变更，用户运营核心思维能力也是不变的，想要成为一名高阶的用户运营需要具备5大思维模型，包含用户思维、流量思维、营销思维、内容思维、产品化思维。

1. 用户思维

用户思维是用户运营最核心的思维能力。站在用户视角看待问题能够帮助用户运营更深入了解用户的所需所求。深谙人性多面性，正视并以包容的心态接纳人性的复杂、弱点，用最简单、易懂的方式满足用户，这是用户思维最根本的重点。

微信作为一个超级App，它的诞生和发展离不开微信之父张小龙极致的用户思维和用户视角。

从用户运营到产品经理，拥有极致的用户思维都难能可贵，一名优秀的用户运营人员会具备站在用户角度的战略视野，在用户外增长和用户内增长环节中充分考虑用户需求，结合提高用户生命周期，帮助中小微企业提升用户生命价值，为企业带来良好的用户留存、转化。交易增长便是种好种子开花后的果实。

2. 流量思维

为什么说具有流量才能做好用户运营？

用户在成为企业客户之前，往往只是泛流量。中小微企业主无论是开实体店还是做线上营销，都是为了让自家品牌、商品能够触达更多用户，形成足够的流量曝光。只有通过足够的流量，才能找到更多的潜在客户。

酒香也怕巷子深！经过跟许多中小微企业老板打交道，可以发现一个现状是，很多工厂老板一辈子勤勤恳恳研发生产质量好、设计好、实用性强的商品，但是销量却不如人意，很多时候，就是因为没有做好找流量的环节。

如果你的品牌、产品本身具有市场竞争力，但你不能让更多人找到你的产品，一切也是白搭！

流量思维的关键是通过多元化的渠道，低成本、高效能地找到适合品牌商品的精准流量，并产生交易闭环。

流量始终是商业社会中非常关键的环节，得流量者虽不能得天下，却也能够获得足够重要的价值。从线下实体门店选址到线上广告曝光，中小微企业做这些都是为了自家的产品能够找到更多流量，形成商品购买，最终构建并形成商业闭环，带来交易增长。

一旦具备流量思维，中小微企业有非常多的渠道可以获取并引入流量，找到投产比高、获客成本低、可持续性更强的路径便是找到流量胜负手的关键。

表1-2"企业A流量增量来源示意表"（非真实数据），可作为参考，从各项指标看，渠道1的数据都好过其他渠道，渠道1是企业A最重要的流量胜负手，可以加大投入，渠道2处于亏损状态，需要降低投入，减少亏损。

表1-2　企业A流量增量来源示意表

渠道	客流量	拉新用户数	新客转化率	拉新成本	单个拉新成本	交易产出	用户生命周期价值（LTV）	投入产出比（ROI）
所有渠道	10 000人	4 000人	40%	100 000元	16元	400 000元	40元	5倍
渠道1	4 000人	2 400人	60%	24 000元	10元	240 000元	10元	10倍
渠道2	3 000人	1 000人	33.3%	60 000元	60元	120 000元	2元	亏损
渠道3	2 000人	500人	25%	……	……	……	……	……
其他渠道	1 000人	100人	10%	……	……	……	……	……

3. 营销思维

美国市场营销协会定义委员会曾在 1960 年对市场营销进行定义："市场营销是引导商品或劳务从生产者流向消费者或其使用者的一种企业活动。"

要想在品牌林立的行业内冲出重围，打出市场知名度，赢得一席之地，做好营销就是赢得用户注意力并产生商品销售的重要方式。

常见的营销理论是 4P 营销理论，包含产品（Product）、价格（Price）、推广（Promotion）、渠道（Place）4 个基本要素。企业对商品进行合理定价，并通过不同渠道触及用户，给予推广策略，从而产生销售。

为什么说营销思维是用户运营思维模型的关键呢？因为，通过多样化的营销就有机会让用户记住自家品牌，快速打开市场。多样化营销类型，包含而不限于达人营销、口碑营销、病毒营销、内容营销、低价促销等，全方位多维度锚定品牌的用户心智，进而提升品牌影响力和产品销售力。

4. 内容思维

随着内容时代的到来，抖音、视频号、小红书等以短视频直播内容为主的主流媒体平台活跃着数亿级别的用户，因此这些媒体平台也成了中小微企业获取用户的重要阵地。想要提升公域粉丝规模及品牌影响力，内容便是低成本获取流量的重要方式。

中小微企业一方面可以结合平台内容推荐算法学习生产优质内容，寻找机会产出爆款内容，通过爆款内容效应引流观众并引导其关注账号；另一方面，商家可以作为广告主，在巨量星图、蒲公英等商单撮合平台与达人进行合作，完成广告内容，进而触达内容覆盖到的流量，形成达人的粉丝圈层效应。

优质内容不但可以引流，还可以为品牌店铺、商品等带来用户关注度，提升用户注意力，进而锚定用户的心智。内容可以围绕商品展示、企业文化、品牌理念等多维度进行展开。中小微企业想要以更低成本获取流量，做好每一条内容就是当下可以做的事情。

5. 产品化思维

产品化思维的核心是通过实践总结客观规律，形成产品化的模块和流程，以此提升工作效率。中小微企业员工规模较小，用户运营岗也难以避免出现一人多用的情况。

用户运营工作流程零散，工作难以形成产品化、流程化的模式，容易产生事情烦琐、效率低下的问题。为了避免工作效率低下的问题影响工作开展，用户运营人员需要经常进行思考总结，将产品化思维运用在日常的工作中。

以上5种思维，是一个高阶用户运营人员不可或缺的思维能力。它们共同构建了完整的用户运营思维模型。

1.2.2 认知决定行动上限，思维决定行动边界

一方面，认知决定行为上限。一家企业的天花板往往由老板的认知上限决定。作为企业掌舵人，老板会统筹管理各项职能。用户运营虽为细分职能，却是用户管理的掌舵人。因此，对用户运营的认知会决定企业引流转化用户、用户生命周期运营的行为路径及相应的结果。

如何提升对用户运营的认知？答案是掌握规模化用户运营策略。区别于较为单一的用户运营方式，规模化的用户运营，需要通过数据分析、精细化运营进行深度贯彻。数据分析离不开用户基础数据沉淀，从用户行为路径到转化数据，可以帮助你非常清晰地了解用户行为数据，并进一步进行问题定位，输出针对性的优化策略。

另一方面，思维决定行动边界。正确的认知可以指导方向，正确的思维可以让你明确用户行为意图。学会合理运用思维模型，让思维模型全面助力你成为一名卓越的用户运营。

首先，正确的认知可以帮助你充分了解用户需求，并理解用户行为背后的底层逻辑，进而制订有效策略。其次，具备逻辑性的思维可以帮助用户运营人员在复杂多变的业务中具有透过现象看本质的能力，并且进行有效决策。最后，思维模型不断迭代可以反向推动用户运营方式的不断更迭，提升用户运营效率和有效性。因此，在用户运营过程中，思维决定了用户运营行动的边界，思维模型能帮助用户运营人员提升竞争能力。

1.2.3 高阶用户运营人员的成长进阶之路

成为用户运营专家就像是一条升级打怪的成长进阶之路。找正确的路径和方法，可以少走三年弯路。

为用户设计一条成长路径是用户运营的常见工作内容，反观用户运营人员的成长也需要一条有标准可参考、分阶段、可实施的成长路径。高阶用户运营人员的成长路径该如何规划呢？可以分为 4 个阶段：小白级、入门级、熟练级和专业级。

阶段一：小白级

小白级用户运营人员的工作重心在于建立基础认知，学习使用常见运营工具和掌握基础用户数据分析能力。

1. 建立用户运营基础认知

用户运营的核心为基于市场调研和数据分析明确用户需求，制订符合用户需求的策略和手段，拓展用户规模，提升用户活跃度和留存率，实现用户成交转化，提升用户生命周期价值。用户运营贯穿用户获取、用户激活、用户留存、用户复购等多个环节，可通过内容运营、活动营销、产品运营、社群运营等多种运营手段实现用户运营。

2. 常见运营工具学习使用

常见用户运营工具基础包含基础数据工具、社交媒体管理工具、私域运营工具、人工智能助手等。

（1）基础数据工具，以 Excel 为例，主要掌握数据图表化、可视化、函数应用等功能，辅助提升数据分析能力。

（2）社交媒体是用户运营的主要阵地，学会掌握社交媒体管理工具可以提升社交媒体账号管理效率和运营效果，包含数据监控、内容排期、用户互动、公域引流私域等。

（3）私域是用户运营另一大主要阵地，学会使用企业微信、社群管理等工具，可以帮助企业完成用户深度运营，提升用户黏性并带来转化。

（4）人工智能助手 AI（Artificial Intelligence，人工智能）作为近年的火爆主题，已经广泛应用于医疗健康、互联网科技、教育等多个领域，成为改变工作方式的重要科技力量。让 AI 助手充分助力用户运营工作，可从文案撰写、内容视频生成等多方面辅助，极大优化工作效率。常见人工智能工具有DeepSeek、ChatGPT、豆包等。

3. 基础用户数据分析能力

基础用户数据分析能力体现在用户行为数据收集、整理及基本的数据处理、可视化和分析技能上。第一步，在合法合规、用户同意的前提下，用户运营可以从多种渠道进行用户数据收集，比如用户调研、网站分析工具、用户统计数据、社交媒体数据看板等。第二步，学会收集、清洗、整理数据，确保数据准确性。第三步，对于表格数据进行可视化处理，并且基于数据进行分析，了解用户来源、行为路径、转化等重要信息，为制订策略提供数据支持。

阶段二：入门级

入门级的关键在于掌握用户需求调研分析方法、分析用户行为数据的技能及熟练掌握至少一项用户运营方法。这 3 个方面技能可以帮助你全面了解用户需求及行为背后的逻辑，进而制订有效的运营策略，在实践中提升自己的运营能力。

1. 掌握用户需求调研分析方法

用户调研是理解用户的第一步。

用户运营掌握用户需求调研的分析方法尤为重要，定性分析和定量分析都是常见的方法。你可以通过多种渠道进行用户调研，包括但不限于让用户填写调研问卷、进行用户访谈、增加反馈通道、从评论区或论坛中挖掘用户需求等。

在合理合法的前提下，用户运营可从用户反馈中提取有价值信息，并进行分类分析进而得出结论，此为定性分析。

定量分析则须充分应用统计工具、数据分析工具，通过数据实际表现特征，找到用户的共性需求，通过数据分析并推导出可能性原因。

许多情况下，定性分析和定量分析两种方法可以结合使用。用户运营可借助二者，充分挖掘用户行为背后的核心需求，得到有效用户调研结论。

2. 掌握分析用户行为数据技能

用户行为数据是用户运营决策的重要依据。

第一步，数据收集与整理。通过网站、App、社交媒体数据看板等多种渠道收集并整理用户行为数据，常见的用户行为数据包含用户浏览、点击、点赞、分享、评论、下单等。

第二步，数据清洗与处理。初始数据来源渠道多样，这些数据往往包含了错误、重复、异常，也存在数据缺失的情况。为了保障数据的准确性和完整性，要对初始数据进行基础判断并合理清洗，得出相对准确的数据。为后续业务结论提供准确的数据支持极为重要。

第三步，用户行为数据分析。通过用户行为数据的分析，用户运营人员可以判断用户对于内容、产品的兴趣偏好，可以了解到用户真实行为流失点和转化点的关键步骤，并在关键步骤实施针对性的用户运营策略，提升业务目标完成率。

3. 熟练掌握一项及以上用户运营方法

用户运营方法就像一个武器库——里面的武器越多，面对复杂的竞争环境，可以应对的方法就越多。对于入门级的用户运营人员来说，需要至少熟练掌握一项用户运营方法，并对多种用户运营方法有所学习，为后续成长打下基础。

常见的用户运营方法有内容运营、活动激励、产品运营、社群运营等。

以内容运营为例，你在内容社交媒体平台发布高质量内容，让用户可以通过文章、短视频、直播等内容载体了解商品、品牌等，引发点赞、转发、关注、评论等行为。如果设计了合理的引流链路，那么你可以让这些用户关注企业微信，从公域成功引流到私域，进行深度链接。这样可以通过对内容的运营，完成用户的成功引流。

内容运营是用户运营的重要手段，你需要了解内容策划、文案写作、短视频生产、直播带货等技能，只有掌握这些，你才能稳定地生产出优质内容。除了内容本身，还需要了解平台内容推流规则，提高流量曝光和内容热度，不断提升内容对于用户运营的价值。

阶段三：熟练级

在熟练级用户运营阶段，你需要基于深度数据分析和用户研究制订全面的用户策略，熟练应用多种用户运营方法，进行精细化用户运营，并以结果为导向进行绩效评估。熟练运用这些技能并配合方法论，就可以找到流量胜负手，推动精准高效用户运营策略实施，推进业务正向增长。

1. 基于数据分析和用户研究制订用户策略

这一阶段，数据分析已不再局限于基础描述性统计，而是深入到数据挖掘和建模，要跟数据分析组同事深度合作，引入决策树、线性回归等机器学习算法，应用高阶数据分析工具技术，比如 Python、SQL，进行用户群体细分监测及用户行为预测分析，例如，用回归分析进行用户行为预测。

用户研究贯穿用户运营过程，除了掌握用户调研方法，可以系统性地进行用户研究，结合用户定性和定量方法，如有必要可借助用户旅程地图等工具及 A/B 测试等实验方法，深入了解用户行为动机和用户需求，总结用户典型类型和需求模式，进行用户精准洞察，验证策略的有效性。

用户生命周期不同阶段的目标和策略有所差异，应全面考虑用户旅程的不同环节，结合数据分析和用户研究结论，从用户外增长到用户内增长，分阶段、分环节制订用户运营策略和计划，确保策略有效性和商业价值性。

2. 熟练应用多种用户运营方法

用户运营方法就是一个武器库，熟悉用户运营策略后，再熟练应用多种用户运营方法就像是习得了十八般武艺，可以将武器库中的武器结合武艺熟练发挥、轻松御敌。

用户增长作为用户运营的核心目标，包含用户外部增长和用户内部增长两大板块。

外部增长通常是指用户获取和新增，内部增长则关注用户留存和价值提升，这两个板块的用户运营方法会有所差异。

板块一：用户外增长

内容运营：通过创造有价值的内容吸引潜在用户，提高用户对于品牌的关注度。

新媒体运营：通过社交媒体平台推广企业品牌和产品，通过内容、社区等方式，跟用户产生互动，引发关注。

平台流量：通过搜索引擎优化、自然流量、付费广告等形式，进行流量获取、采买、投放，提升流量曝光，吸引潜在用户成为品牌专粉。

品牌营销：通过事件、热点、话题、活动等触点，提升用户关注度，并植入病毒营销，设计用户裂变机制，提升品牌知名度和影响力，引导用户推荐和分享，实现口播传播增长。

板块二：用户内增长

提升用户活跃度：通过设计激励体系，比如积分、排名、荣誉、红包等，增加用户使用产品或服务的频次和时长。

提升用户留存率：通过不定期上新、优化产品和服务功能、定期举办营销活动、用户一对一建联回访、个性化定制等手段实现。

提升用户复购率：让产品和服务触达匹配的用户群体，通过下单引导和持续运营，完成对用户多次购买的引导。

3. 精细化用户运营

精细化用户运营主要包含 3 个部分，分别是用户分层与分群、用户生命周期管理、精细化数据分析和运营优化。

用户分群和用户分层是实现精准化用户运营的关键手段。可通过了解用户数据分布表现、总结行为特征、制订不同目标等进行选择和划分，并按照用户分群和分层的结果，基于不同用户群体和层级制订差异化激励策略，从而极大改善运营效率，增加用户生命周期价值。比如，你作为一个服饰品牌的用户运营人员，操作方法如下。

1）用户分层

常见的用户分层依据有用户活跃度、用户购买行为、用户留存行为、用户所处生命周期阶段等。你可以根据用户的消费金额和购买频次进行积分统计，并对不同积分档位用户进行用户分层，比如普通用户、白金用户、黑金用户等。对于普通用户，提供普通折扣；对于白金用户，提供更大的折扣力度和专属福利免费商品；针对黑金用户，提供最大折扣力度、新款服饰优先试用及购买权益、VIP（Very Important Person，高级用户）专属服务等。

2）用户分群

常见用户分群的维度有用户人口统计特征、用户偏好、行为特征等。你可以根据注册用户的年龄、所在城市、消费金额、购买服饰系列等，将用户分为服饰时尚消费群体、家庭类型消费群体、价格敏感性群体等。根据不同服饰消费用户，推荐不同客单价、服务、风格、款式的商品。

3）指标制订和结果导向

对于用户运营效果的好与坏，需要有量化的衡量标准。制订并完成指标，可以作为效果的衡量评估方式。制订合理的北极星指标，可以保证让用户运营的方向正确，让后续的运营动作和策略都往更好的方向发展。通过数据监测和分析，也可以了解运营战术和策略的有效性，并及时进行调整，保障了灵活性与安全性。

设置明确的关键指标对业务发展的价值明确，常见的指标有用户增长规模、用户交易规模、用户留存率、用户转化率等。

阶段四：专业级

专业级用户运营阶段，用户运营人员需要具备更高的战略视野和更长远的发展眼光，通过合理规划业务和团队有效管理，操盘并实现用户规模化运营，确保在激烈的市场竞争中持续拓展用户规模，并带来业务增长。

1. 战略视野和长远发展

时刻关注市场变化，依据战略视野和长远发展，结合企业的发展目标，注重企业品牌形象，制订中长期用户运营的规划，打造品牌用户心智，提升市场影响力。

2. 业务规划与团队管理

基于中长期用户运营规划，用户运营需要结合当前阶段的目标和关键指标，制订具体的用户运营策略和执行计划，包括业务目标、策略、资源、人员配置等。团队搭建需要充分考虑规划，进行团队架构搭建和成员职能明确划分，提升团队合作效率，带团队拿结果。

3. 规模化用户运营操盘

在用户体量和业务规模不断扩大的同时，用户运营需要在实现精细化运营后，引入系统化和自动化的工具，提升整体的运营效率和策略的准确性。比如，客户管理系统（Customer Relationship Management，CRM）的引入，可以帮助用户运营人员更好地进行管理，提升用户体验。

总之，用户运营人员的成长路径是一条清晰明确、可持续积累精进的道路。从用户角色认知、运营工具使用、用户研究和数据分析到用户精细化运营、规模化操盘，再到战略视野和业务规划能力培养，每个成长阶段都有不同的要求和成长方向。正确的成长路径，可以帮助你少走弯路，并在激烈的市场竞争中保持优势。每一个小白级用户运营人员，都有机会成长为一名高阶用户运营玩家！

1.3 用户运营与品牌打造的关系

1.3.1 具有用户思维的品牌具备更大影响力

具有用户思维的品牌，通常能够建立起更大的影响力，因为他们能够有效满足用户的核心需求，保障并提升用户的品牌体验。在用户的心智里埋下种子，让用户一想到某个商品的品类，就能够自动联想到这个品牌名称，从某种意义上讲，具有用户思维的品牌已经与用户建立起更深层次的情感链接了。我将从3个角度去阐释用户思维为什么能够让品牌具备更大的影响力。

1. 用户主导的设计理念

一个企业在实现品牌设计与创新的过程中，会深入了解用户的需求，并预估判断他们对于产品的购买动力。因此企业在设计生产商品或者提供服务的过程中，往往站在用户的角度去完成整个商品和服务的设计，将用户的需求和体验放在首位。因此这些商品和服务往往能够更加贴合用户的实际使用场景，满足用户的根本需求，进而提升用户的购买动力。

案例分析：我们都知道，乔布斯作为手机界的TOP级产品经理，具备超强的用户思维。苹果公司在进行产品设计的时候，一直以用户体验为创新的核心，从iPhone的直观触控界面到MacBook的轻薄设计，都体现了这家公司对于用户需求本身的深刻理解，并在产品中精益求精，不断创新，满足用户的根本需求。

2.情感连接与品牌忠诚度

具有用户思维的品牌，不仅仅提供满足用户需求的功能性的产品或者服务，而且要通过品牌故事的打造、企业文化和价值观的传递去跟用户产生深层次的情感连接。品牌在用户运营的过程中，不断向用户传递品牌故事和品牌理念，让用户为之买单，这种情感连接也往往能够让用户在形成品牌认知的同时，提升了品牌的忠诚度。为了让品牌能够具有更长期的发展价值，用户运营往往会通过社交媒体的内容账号打造品牌形象，通过社区的建立和维护，让用户产生强烈的互动感和参与感，进而提升品牌的传播力，建立起完善的品牌用户心智，增强用户对品牌的忠诚度。

案例1-1：

哈雷－戴维森（Harley-Davidson）作为高端摩托车品牌，不仅生产销售摩托车产品，更基于摩托车的周边场景，建立链接了全球性的车主社区，每年定期多次组织车友活动。比如：2023年全球哈雷车主会拉力赛，2024年STURGIS摩托车拉力赛（见图1-1）。车友聚会也将品牌自由冒险的精神进行充分传递，让用户建立起非常深厚的情感链接，也形成了良好的社区氛围。不仅如此，哈雷还提供了摩托车教学培训内容（见图1-2），这让车主能够带更多朋友加入这个"大家庭"。哈雷－戴维森在全球范围内成功成为摩托车领域知名的畅销品牌。

图1-1 2024年哈雷车主STURGIS摩托车拉力赛广告

图片来源：https://hd.hdc-social.com/cn/zh/content/event-calendar/sturgis-rally.html.

图1-2　哈雷车主摩托车培训

图片来源：https://www.harley-davidson.cn/cn/zh/content/motorcycle-training.html.

3. 口碑打造与影响力传播

产品和服务为王。毋庸置疑，过硬优质的产品和服务，一定会拥有忠诚度高的用户，这些用户中有一部分会成为品牌的"最佳代言人"，这些"代言人"往往会将自己满意的消费经历和品牌使用的体验进行分享和传播。这些口碑传播，可以帮助品牌建立一定的影响力，并获得新的用户。具备用户思维的品牌，往往能够提前考虑如何提供卓越的用户体验，并引发用户的分享和口碑的传播。一个品牌想要获得商业的成功，需要提升品牌在社会中的正面形象，并通过优质的口碑提升业界影响力。

1.3.2　培养忠实粉丝用户是品牌壮大必经之路

培养忠实粉丝用户是品牌壮大的重中之重。对一个品牌而言，忠实的粉丝是品牌的重要资产，因为他们不仅具备消费者属性，也是品牌的宣传大使，会主动分享并推广传播商品和品牌。对品牌而言，这些忠实的粉丝形成了一个强大的用户社区，并为品牌打造了护城河。接下来，我将从3个角度来阐释为什么培养忠实粉丝用户是品牌壮大的必经之路。

1. 自发性的口碑传播和品牌粉丝效应

忠实的粉丝往往会成为品牌的传播者。他们愿意将自己对于品牌的使用体验及热爱分享给身边的朋友，甚至拍摄成种草短视频，在社交网络上进行传播。这样的"安利"具备真实性，比品牌花钱推广的广告更具备可信度。

并且，这些"安利"会在社交网络和朋友圈形成品牌的传播效应，能为品牌带来更多的真实购买用户。因此非常多的企业会专门设一笔预算，用于素人的短视频推广，让他们晒商品的使用体验，增强品牌的口碑真实度。以耐克为例，这个品牌便是通过社交媒体和品牌大使计划，鼓励粉丝分享运动的故事和商品的使用体验，并结合饥饿营销，形成了广泛的社交传播效应。耐克的忠实粉丝们不仅自己会持续购买收藏耐克不同系列的鞋子和其他商品，更能够书写自己的运动故事，鼓励周边的朋友，甚至是其他网友加入社区，进一步扩大了品牌影响力。

2. 用户反馈持续注入创新力

一个忠实的粉丝用户，往往对品牌具有强烈的情感归属，他十分认可品牌的商品和服务，以及品牌的文化与理念。当品牌提供反馈通道，并愿意采纳粉丝的建议，这类用户将会非常愿意去帮助品牌发现问题，并提出改进的建议。忠实粉丝用户的高度参与和互动，可让品牌得到宝贵的市场意见和创新的灵感，从而不断推出符合忠实粉丝需求的新产品和服务，满足他们不断变化的需求，这也让品牌能够提高自己的市场创新力，在同质化日趋严重的市场局面中破局而出，保持强有力的竞争力。

👤 案例1-2：

乐高品牌会通过在线社区和粉丝见面会等形式和通道，鼓励用户分享创意，并积极采纳用户的反馈，甚至通过乐高 IDEAS 平台收集并采纳粉丝的创意（见图 1-3）。获得高投支持的作品还有机会投入量产，融入产品的开发。这种方式极大加强了用户的参与感，也激发了品牌持续的创新力，让用户愿意持续"为爱发电"。因此乐高在全球范围内形成了庞大的忠实用户粉丝群体，且该群体还在不断扩大、活跃，为乐高赢得了在玩具领域的巨大竞争优势。

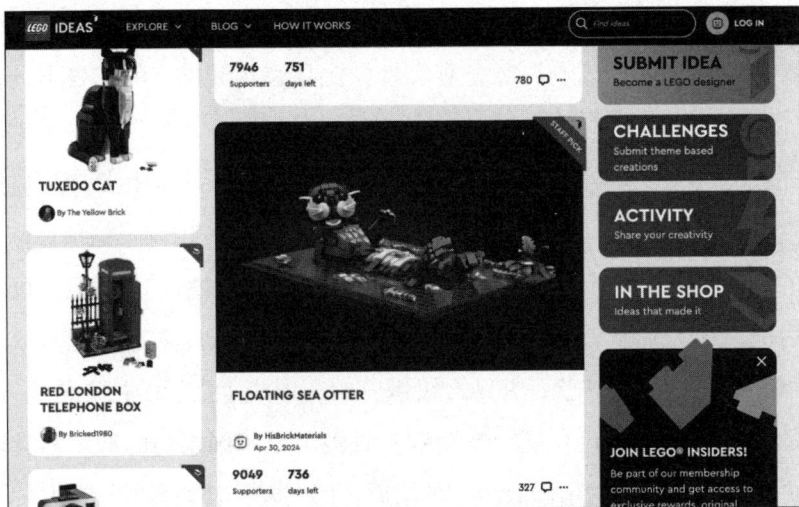

图1-3　乐高IDEAS平台作品投票情况

图片来源：https://ideas.lego.com/.

3. 培养品牌种子用户

筛选培养品牌种子用户，相当于为品牌储备了一批优质忠实的粉丝用户。这些种子用户对于品牌本身有高度的认可和情感依赖，他们能够花费金钱，数次购买品牌系列的商品和服务，并给予合理的优化建议，这让品牌在市场竞争中占有一席之地，提高了对于外界品牌竞争的防御性。因此培养品牌种子用户不容小觑，它能够显著提升品牌的用户忠诚度，这样的忠诚度能够带来实实在在的品牌收益、收入来源，并让品牌保持一定的市场份额。

为了培养忠实的粉丝用户，企业也需要投入时间和精力，持续进行用户经营，通过举办不同的活动，并提供个性化的服务，增强粉丝对于品牌的参与感和认同感，让他们愿意长期停留在品牌的生态系统中，并保持高品质的互动和消费。

👤 案例1-3：

以星巴克（Starbucks）为例，星巴克开设了粉丝专属俱乐部——星享俱乐部，支持会员消费累积星星，并设置专属星星奖励活动（见图1-4）。除此之外，星巴克更是通过长期的会员计划，将会员权益划分为"银星级""玉星级""金星级""钻星级"四档，配套差异化的会员权益，提供竞争对手不具备的个性化服务，建立品牌文化，通过线下门店培养出了大量的忠实粉丝。这些用户对于星巴克有着极高的认同感，并养成了消费习惯。这一策略极大地提高了星巴克的市场占有率。

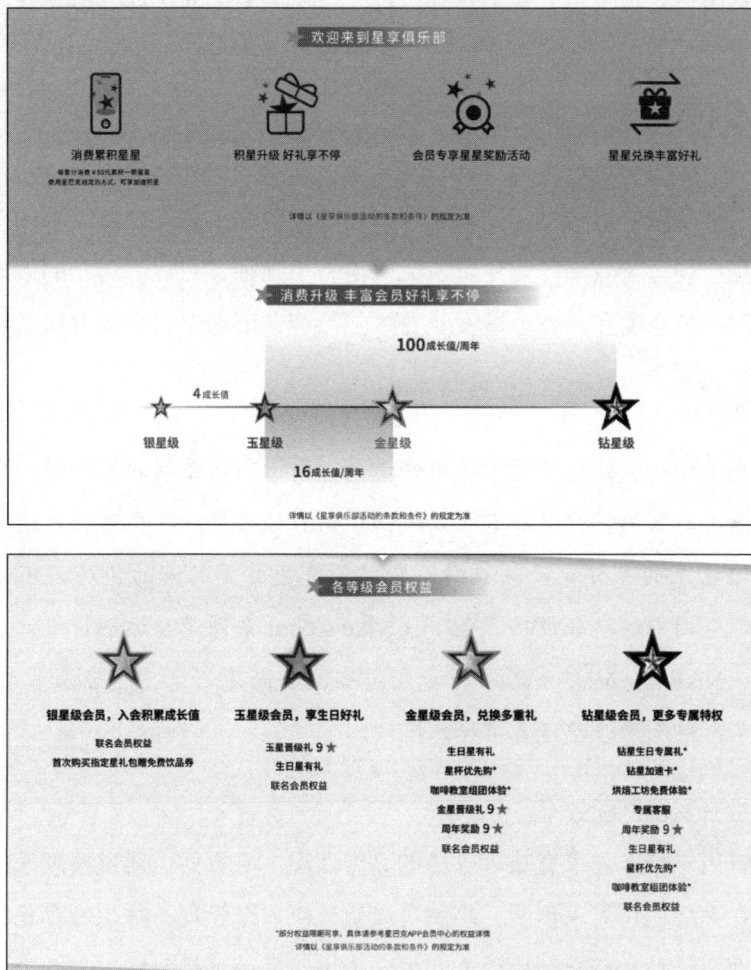

图1-4 星巴克会员积分和各等级会员权益图

图片来源：星巴克官网-星享俱乐，https://www.starbucks.com.cn/account/starbucks-rewards.

品牌应通过多样化的用户运营，包括但不限于社区运作、用户互动、线下活动、会员系统等方式，为品牌培养一批忠实粉丝用户，并且最大程度发挥其价值，助推品牌的持续发展壮大。

1.4 用户运营与商业赢利的关系

1.4.1 满足用户精准需求，放大赢利杠杆

满足用户精准需求，放大赢利杠杆，可以助力企业实现高效增长。我将通过以下 3 个方面阐述如何通过满足用户精准需求来放大赢利杠杆。

1. 市场受众明确，需求精准

足够精准的用户需求，可以对标到颗粒度足够精细的细分市场，企业能够更为明确品牌的市场目标受众群体，精准定位并了解其独特需求偏好，极大地提高市场运营效率，避免资源无效浪费。这种"对症下药"的策略，可以增加用户满意度和品牌忠诚度，并增强品牌在市场中的竞争力和赢利力。

案例1-4：

耐克（Nike）针对不同市场用户受众，推出不同系列的运动鞋，成功满足不同垂直市场的用户精准需求，增强了用户认可度和购买动力。这种基于用户精准需求的差异化产品策略，帮助耐克提升了品牌的市场占有率，赢得了全球范围内的商业成功。例如，Nike Zoom 系列是为运动员设计的高性能跑鞋，Nike Air Max 系列市场受众是潮流时尚爱好者、年轻消费者，Air Jordan 系列则是篮球爱好者市场的爆款。

2. 提升资源匹配效率

了解用户精准需求意味着资源的高度匹配。一方面，通过精准了解用户需求，并进行用户需求预测，品牌可以优化供应链管理，减少库存积压，提升企业现金流动和资金利用效率。另一方面，品牌可针对精准受众进行专属营销，找到最有潜力的目标用户进行营销转化，极高地提升营销投产比。

案例1-5：

通过快速时尚模式、极为灵活的供应链管理、智能化的生产补货策略、

物流配送系统，ZARA一举成为全球领先的时尚零售品牌之一。ZARA凭借精准的市场定位及了解用户的实时需求，灵活投入生产并调整库存，精准满足用户需求的同时，实现了资源等需求匹配，极大提高了运营效率和品牌赢利能力。

（1）数据驱动用户需求分析。ZARA通过市场反馈和销售数据，深入了解用户需求和市场趋势，进行产品设计，并精准匹配资源。

（2）以精准市场定位匹配用户需求。用多样化的产品线，涵盖不同价位段和穿衣风格，满足不同类型的用户需求。

（3）灵活生产与智能化补货策略。快速高频响应市场推出新品，小批量多频次灵活生产，降低库存积压风险的同时也可快速补货与调配，确保畅销品不断货，限量款式制造稀缺性，能够快速响应市场变化，确保产品与用户需求精准匹配。

（4）高效的供应链管理和物流配送系统。ZARA在全球范围内设置多个集中物流中心，拥有高度灵活和快速反应的供应链，实现从设计生产到店铺配送的快速周转。

3. 数据驱动用户洞察

合理利用数据并善于借助智能技术，可以帮助品牌洞察用户需求和用户行为。知己知彼才能百战不殆！这些用户洞察可以帮助企业制订有效的品牌营销策略，并刺激用户消费欲望，推动用户提升购买率，带动品牌销售额。

案例1-6：

亚马逊（Amazon）具备强大的数据分析能力，其基础是通过用户行为数据、社交媒体、用户兴趣偏好、人口统计数据等方式精准预测用户需求，借助强大的数据分析能力，为其提供个性化的商品推荐，实现"千人千面"。在显著改善用户的购物体验的同时，还提升了购买转化效率，带来购买用户规模增长。

1.4.2 商业赢利的用户关键点

商业赢利的用户关键点有 3 点,分别是用户价值深度挖掘、拓宽赢利渠道和用户体验优化,以下进行具体说明。

关键点一:用户价值深度挖掘

想要实现商业赢利,最直接的抓手便是高价值用户,这些用户群体具有较高的忠诚度、购买能力,以及较长时间的活跃性。高价值用户能够帮品牌带来稳定的现金流。因此扩大高价值用户的规模,便是企业在商业赢利过程中的重要方式。

如何扩大高价值用户规模?第一步可以基于用户基本盘进行数据分析,并结合市场调研反馈,完成用户画像总结,明确这部分用户中哪些用户具备高价值用户的潜能。第二步圈定潜在高价值用户,并给予对应的策略,提升这批用户的忠诚度与购买转化率,加强他们对于品牌的重视度。第三步提升高价值用户的客单价,以及丰富这部分用户的消费场景,甚至提供定制化的产品和服务,以此提升整体的 LTV。通过上述三步,扩大高价值用户规模。

关键点二:拓宽赢利渠道

除了商品和服务的基础销售,企业想要提升赢利,就需要考虑增加赢利类型,包括但不限于广告合作、增值服务和产品会员收取费用等。以广告合作为例,广告赢利是常见的一种收入来源形式,其核心是通过跟其他企业合作,共同发现新的商业机会,并给合作伙伴提供能增加流量曝光、销售转化等的植入广告的机会,实现共赢。以增值服务与产品为例,品牌在提供用户基础产品和服务的同时,推出增值服务套餐或高价位的产品,满足差异化用户需求的同时,也增加了收入来源。

关键点三:用户体验优化

注重服务意识,提升用户体验。优质的用户体验是吸引并留住用户的关键,想要提升用户的商业化赢利,企业应持续迭代商品和服务,保障用户体验最优化。

👤 案例1-7：

苹果公司为什么能够拥有那么庞大的铁粉？主要因其通过持续迭代 iPhone 手机的硬件和软件产品，从而为用户提供流畅的手机使用体验和卓越的用户反馈，培养孵化了一批高忠诚度、高消费力的用户群体。

2007年苹果公司发布初代 iPhone，曾一度改变了智能手机市场格局，直到 iPhone 16 和 iPhone 16 Pro，显示屏、芯片、摄像像素等技术持续创新迭代，不断超出用户期待，极大提升了用户使用体验。如图 1-5 所示，iPhone 15 Pro 和 iPhone 15 Pro Max 的摄像头系统拥有 4 800 万像素主摄、1 200 万像素超广角等超强拍摄功能。

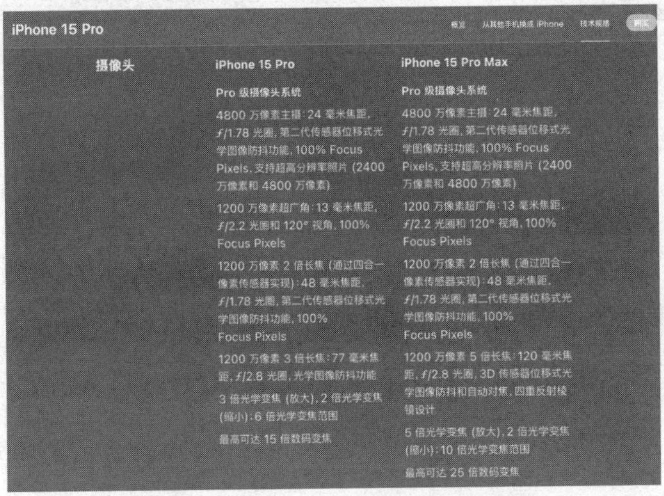

图1-5　iPhone 15 Pro摄像头功能展示

图片来源：Apple（中国）官方网站，https://www.apple.com.cn/iphone-15-pro/specs/.

从硬件方面来说，其系列产品持续创新迭代，包括不限于 iPhone、Macbook、iPad、AirPods 的不断创新。

软件方面，以 iOS 系统为例，该系统为用户提供强大性能、触屏流畅、隐私安全的使用体验，Siri 语音交互给用户提供了保护隐私的智能助理，增强了用户黏性和忠诚度。App 通过不断推出新商品和配套服务，比如 iCloud、Apple Music 等，实现商品多类型、多层次的商业赢利。这些服务增加了用户使用频次和企业收入来源，形成了苹果公司自成一派的商业生态系统。

通过以上策略，企业能够极大地提高品牌用户忠诚度，为品牌增加收入来源，提高营收。在实施这些策略时，企业需要灵活应对市场和用户需求，优化赢利方案，确保品牌赢得长期的商业价值。

1.5 中小微企业用户运营的心法

1.5.1 以用户需求为先，做好极致用户产品体验

要做好极致用户产品体验，应以用户需求为先，关键在于深度理解用户需求，优化用户体验，提供极致服务和产品设计。中小微企业可以通过这些方面的努力，显著提升用户对品牌忠诚度，提升品牌的市场竞争力。企业需要持续关注市场变化和用户声音，及时调整配套的产品和服务内容，保证极致的用户产品体验。

1. 深度了解用户需求

在调研的过程中有多种方法可以深入了解用户，不管是问卷调查、用户访谈，还是通过评论信息提炼总结等方式，都可以了解用户真实的痛点，甚至喜好。通过使用数据分析的表格和工具，可以实时明确掌握用户的行为变化，进而洞察其真实诉求。

想要深度理解用户的需求，离不开场景的构建。用户在不同情景下的需求有所差异，企业可以进行场景的模拟，去推测用户的使用场景，并保证商品设计过程中予以充分考虑。如果想要满足用户的多样化需求，那么可以将用户画像进行分类总结，明确不同群体的特征，将场景构建的类型丰富化，以保障全面覆盖不同类别的用户使用场景，以满足用户多样化、深层次的需求。

2. 优化用户体验

优化用户体验的前提是了解用户的需求，并以用户为中心进行产品的设计，确保用户需求能够被满足，让产品的每个环节保障用户体验的优质性。不管是产品的视觉传递、交互方式，还是整体的使用流程，售后的处理都应充分体现对用户体验的考量。通过 A/B 测试、用户反馈和市场需求，可以快速迭代产品功能，以保证用户满意度。

👤 **案例1-8：**

　　爱彼迎（Airbnb）通过用户调研和测试，优化其平台的搜索功能和用户界面，优化搜索算法，使用户能够更有效地找到符合预期的住宿地点（见图1-6）。同时，Airbnb不断根据用户反馈，推出新的功能和服务，比如超赞房东计划等。爱彼迎非常重视"超赞房东"计划，每年会专门完成4次评估，通过评估的"超赞房东"的房源页面会展示对应徽章。这成为用户在选择房源的时候作为参考的重要因素。提升用户体验的同时提升了旅行短租细分领域的竞争力。用户需求驱动Airbnb持续迭代创新，提升交易增长。

图1-6　爱彼迎网页端搜索结果页

图片来源：爱彼迎网页端官网，https://www.airbnb.cn/.

3. 提供极致服务和产品

　　提供超越用户预期的服务和产品的前提是建立完善的用户反馈通道。中小微企业触达用户的通道较为多样化，如社交媒体账号、企业网站、企业微信、小程序、社群、电话、邮件等，这些通道可用于用户反馈收集、问题及时处理沟通及服务内容有效触达。在问题持续收集与解答过程中，运营可沉淀一份完善的Q&A，以提升用户问题解决效率，通过专业且不失温度的话术，快速高效解决用户疑问，优化用户体验，亦可将反馈体现于对产品生产的精益求精中。

除此之外，中小微企业也可围绕自己的品牌理念设计一套服务权益给用户，对不同级别用户可匹配对应级别专享的服务权益，在为用户提供极致服务的同时提升用户黏性。

1.5.2　品牌与用户的社交互动和口碑传播

品牌与用户的社交互动和口碑传播的成功关键有两点：第一，利用社交媒体平台与用户产生社交互动，并通过激励鼓励用户生成内容，并由此建立品牌信任度；第二，通过与一定粉丝规模的达人合作，利用达人的粉丝圈层效应和爆款内容传播能力实现破圈，提高品牌传播力和影响力。

1. 社交互动

社交媒体平台有效利用：品牌可以通过社交媒体平台（如抖音、小红书、微博、快手等）与用户进行互动。在社交媒体平台发布有趣、有价值、有话题性的内容，品牌可以通过内容引导用户关注与互动，对于内容话题可以增加互动"钩子"，增强品牌讨论度，让更多用户有机会参与互动，增加品牌流量热度和影响力。品牌在与用户的互动过程中，需要及时记录用户关注点、需求点，并且及时解决用户的困惑，提升用户对于品牌的信任度。

除了品牌方生产的内容引发用户互动，还可设计激励活动，鼓励用户生产和分享品牌相关话题内容，包括但不限于图文、视频等形式。品牌也可以邀请高价值用户参与线下品牌活动、比赛等，联动线上开展内容创作活动，鼓励用户积极参与内容创作，并且在不同社交媒体平台发布传播这些内容。

除了引导用户生产发布内容，企业也可以通过积分会员、优惠券等其他激励方式，引导用户进行品牌宣传，提升用户参与度，并形成口碑传播。这些行为不但可以打造真实优质口碑，还可以传播品牌，提升用户对品牌的信任度和好评度。

2. 品牌传播

品牌方可以跟达人（Key Opinion Leader，KOL）进行合作，借助他们在社交媒体平台的影响力进行品牌传播。达人可以根据你给出的品牌 brief 要求，生产发布符合品牌需求的图文及短视频。这些意见领袖可以有效地将品牌信息通过内容传递给更广泛的粉丝,推送信息流触达用户,增强品牌的口碑传播效应。

选对达人相当于成功了一半。如何选择跟品牌匹配的达人呢?可通过内容风格、粉丝画像、商业价值、传播数据、合作性价比5个维度衡量筛选达人,并考虑达人主流粉丝群体和品牌目标受众群体保持较高重合度,找出符合要求的达人。

有效的商业合作除了可以带来品牌曝光度和影响力的有效提升,还能影响消费者购买决策,在增强品牌传播效应的同时达成交易赢利。

案例1-9:

丝芙兰(Sephora)作为全球知名的美妆护肤品牌零售商,经过众多品牌官方授权,汇集了雅诗兰黛、纪梵希等近百个国际品牌。丝芙兰在各大商场开设连锁经营商场货架类型的化妆品线下门店(见图1-7、图1-8),也在积极通过社交媒体平台和消费者建立互动,通过分享美妆护肤教程、时尚信息、商品种草等内容增强用户的参与度。除此之外,丝芙兰也跟知名美妆博主进行广告合作,博主的商品使用效果种草和化妆技巧展示,解决了潜在用户对于品牌商品信任度的问题,拓展品牌影响力的同时提升了零售销量。

图1-7 丝芙兰某商场线下门店照片

图片来源:丝芙兰上海某商场线下门店照片实地拍摄。

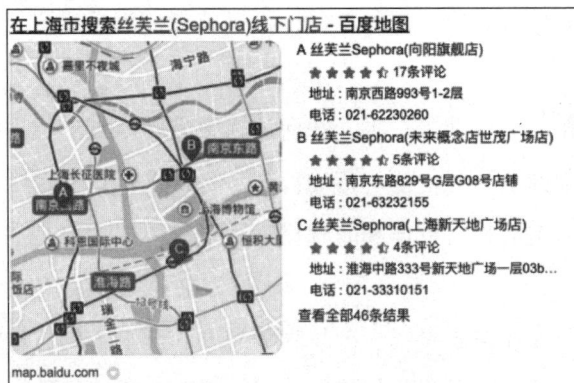

图1-8　丝芙兰线下门店百度地图搜索结果页

图片来源：丝芙兰上海线下门店百度地图网页端搜索结果。

1.5.3　塑造品牌形象增强品牌知名度、美誉度

塑造品牌形象和增强品牌知名度、美誉度的关键是有效传达品牌故事和价值观，并通过多种渠道进行推广，提高传播度。通过这些策略，可以在消费者心中建立品牌的正面形象，并建立起一定的心智。建立品牌心智并非一朝一夕，但品牌破圈传播倒是可以短时间让用户形成品牌认知。因此，在推广过程中，品牌需要保持形象和传播内容调性理念的一致性，这样才有助于持续提升品牌知名度和美誉度。

1. 品牌故事讲述和价值观传递

传播品牌故事对于任意品牌都是一件重要的事情，对品牌形象塑造有重要影响。通过讲述品牌起源、发展历程、创始人创始初心等，可以让用户对于品牌有更深的认知，并且锚定用户内心的情感记忆，每当出现该商品的时候，这种记忆便会自然被唤醒。品牌故事撰写应该真实且有吸引力，并且能够体现品牌核心价值。这个核心价值可贯穿品牌所有的宣传渠道和营销传播点中，取得消费者的认可和尊重。

2. 品牌形象塑造和知名度打造

品牌需要通过多渠道进行传播，打造知名度，包括但不限于纸媒、电视媒体、网络媒介等。如有必要，可以通过举办影响力较大的传播活动，塑造品牌形象，提高知名度。

案例1-10:

　　一个成功塑造品牌形象并增强品牌知名度和美誉度的典型成功案例便是李宁(Li-Ning)。李宁品牌通过社交媒体平台进行品牌推广。通过小红书、微博等国内社交媒体主流平台开设官方账号,跟粉丝充分传递"以我为名""一切皆有可能"的品牌理念,将品牌故事、产品信息、品牌活动等以视频、图文等形式发布在账号上(见图1-9、图1-10、图1-11、图1-12),组织抽奖等活动,跟品牌粉丝用户产生持续进行互动,提升品牌话题性和曝光度。

图1-9　李宁(Li-Ning)官方微博
手机端

图片来源:李宁(Li-Ning)官方微博手机端,https://weibo.com/u/1716244511.

图1-10　李宁(Li-Ning)手机端
小红书品牌搜索结果页

图片来源:李宁(Li-Ning)手机端小红书搜索结果页。

图1-11　李宁(Li-Ning)网页端抖音官方直播间账号界面

图片来源:https://www.douyin.com/user/MS4wLjABAAAAKpCGhwidAtgmUXmYIT0zjp2QpGquUaOCEeVPE6_gHjQ?from_tab_name=main.

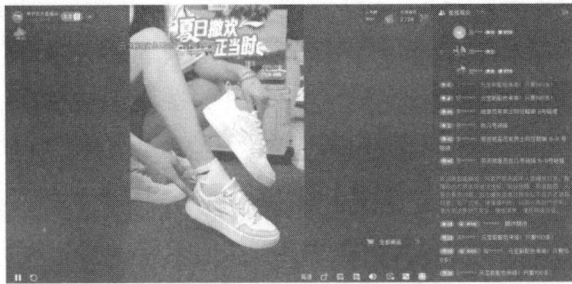

图1-12　李宁（Li-Ning）网页端抖音官方直播间图

图片来源：https://www.douyin.com/user/MS4wLjABAAAAKpCGhwidAtgmUXmYIT0zjp2QpGquU aOCEeVPE6_gHjQ?from_tab_name=main.

除此之外，李宁还开设了"李宁官方直播间"进行直播带货，增强了品牌曝光度、商品交易转化和用户黏性。

1.5.4　案例分析：大众点评让用户参与点评实现口碑传播裂变

大众点评是做点评起家的互联网公司。创始人张涛2003年留学回国后，创立大众点评网，首创"餐饮+消费者点评"的餐饮界创新模式。通过让用户参与点评，大众点评实现了口碑传播裂变。好口碑的打造无疑是这些餐厅在线上吸引客户，引导其到线下消费的核心因素，极大增强了用户的信任感和参与度，并提升了餐厅在平台的影响力。大众点评在餐饮界的影响力日趋提升。因此，该模式让"餐饮团购"领域竞争平台纷纷效仿，入局做口碑点评。

大众点评的"用户点评"通过以下3大模块进行引导。

1. 产品功能优化

一方面，大众点评简化了点评发布流程，用户可以直接选择消费过的商户，填写消费体验内容并完成打分，降低了分享门槛；另一方面，大众点评"发笔记"作为用户发布笔记的核心功能，增加了用户主动创作分享内容的规模。笔记发布功能在2016年11月大众点评App的7.1版本中上线后，在2023年变成了一级入口，展示在底部tab栏中间位置（见图1-13）。

2. 用户互动

大众点评也注重社区氛围打造。用户可以分享活动给好友，一方面，用户点评后，可以将评论的内容分享至好友；另一方面，用户发布笔记后，可以将笔记分享至好友。平台也会定期举办线上线下活动，吸引用户参与并分享活动经历。平台增强用户参与互动的同时，也提升了用户对平台的忠诚度。

3. 创作者规模提升

一方面，鼓励用户成为点评创作者，提升创作者规模。大众点评通过激励活动，比如创作者赏金计划、天天领红包、0元探店、0元尝鲜等，引导用户发布笔记，转化成点评用户等内容创作者，持续激励用户发布笔记。

另一方面，制订创作者成长引导目标，从内容力、影响力、赢利力层面引导创作者成长，创作者可以清晰看到自己的成长路径，在激励机制和荣誉体系的引导下持续成长。

从内容力维度看，大众点评设置内容激励活动，引导用户发布原创笔记赚取笔记收益，对于带官方话题的优质内容奖励额外奖金；笔记达人中心开设"创作学院"（见图1-14），从"新手指南"到"创作进阶"，培养创作者的能力，提高其内容创作水平和质量；"笔记灵感"（见图1-15）更是帮助创作者找到内容发布的灵感，参与平台开设的话题，增加内容创造能力。

图1-13　大众点评App手机端
首页界面

图片来源：大众点评App手机端。

图1-14　大众点评App手机端
"创作学院"

图片来源：大众点评App手机端。

从影响力维度看，每当创作者发布笔记后，笔记就有机会出现在信息流中，被推送给有相关需求的用户，产生曝光和流量；平台精选的笔记还能够获得流量扶持；优质创作者有更多机会被看见，提升自己的影响力。

从赢利力维度看，大众点评提供了内容激励活动补贴、创作者内容"创作分成活动"（见图 1-16）等，提升了创作者的收入。

图1-15　大众点评App手机端
"笔记灵感"

图片来源：大众点评App手机端。

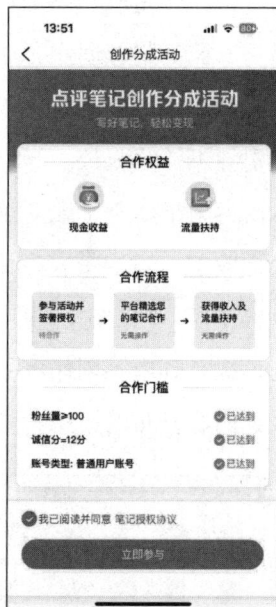

图1-16　大众点评App手机端
"创作分成活动"

图片来源：大众点评App手机端。

大众点评的"点评"模式，通过真实的用户口碑点评及笔记，产生分享传播，在提升用户参与度的同时也增强了平台的可信度和影响力。

如何深入挖掘潜在用户

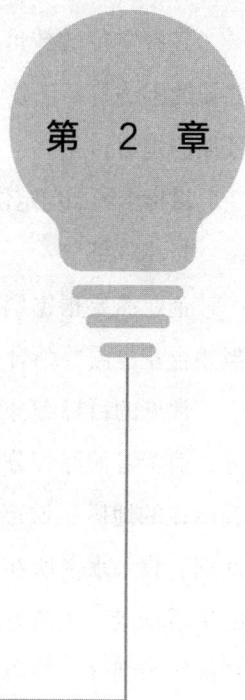

第 2 章

2.1 做好产品定位是首要条件

2.1.1 确定目标市场，知己知彼才能百战不殆

基于业务发展的生命周期阶段，不断更新定位，确定目标市场，并持续积累目标客群，基于目标市场进行深入探索，不断进行深耕迭代。10年发展的市场周期看 3 到 5 年的发展计划，并落实拆解为每一年到每一个季度及每一个月的重点方向。

明确精准的产品定位能帮助中小微企业在激烈的竞争环境中找到属于自己的目标市场受众，也能让其产品和服务满足并吸引目标受众群体，提高市场占有率。

只有定位清楚目标市场，企业才能针对目标群体提供有效的营销策略，并持续围绕目标消费者的需求反馈，对商品和服务进行持续迭代，以此达成预期的销售转化。

目标市场如何定位一共有两大关键步骤，分别是市场细分和目标市场选择。

1. 市场细分

企业需要根据消费者特征将市场细化，并找到最适合企业的目标市场。当然企业也需要结合自身的优势，考虑商品的受众等因素进行综合考量。

常见的目标细分维度包含 4 个维度，分别是地理维度细分、人口特征细分、消费者偏好细分及消费者购买行为细分。地理维度细分主要是根据消费者所在的地区、城市国家进行划分。人口特征细分主要是根据用户的年龄、性别、收入水平所在地区等进行划分。消费者偏好细分，核心是根据消费者的生活场景、生活方式，基于职业的偏好、消费观念等行为来细分。消费者购买行为细分，核心是根据消费者的购买路径、购买频次以及商品消耗的情况等具体行为进行划分。

2. 目标市场选择

基于细分市场，企业需要选择符合自身商品和服务的目标市场，作为自己的发力方向，目标市场选择主要考虑以下几个因素。

因素一，基于企业自身的优劣势来衡量。如果企业擅长做糕点且是中式糕点，那么目标市场就该选择中式糕点的方向。

因素二，市场的规模和未来的增长潜力。企业在找准大的方向后，需要对目标市场做出市场规模的评估，以及基于自身情况的增长潜力预测，优先考虑那些能为企业提供更高天花板的赛道。

因素三，竞争环境。基于对市场赛道竞争的分析，企业要有意识选择一些有机会冲出重围的细分市场，让自己不过分内卷，保持良性的竞争，并寻求机会去赢得竞争优势。为自身发展争取最大限度的赢面。

在明确目标市场之后，企业要对该市场进行深入的调研和目标受众的互动访谈，并结合数据等多种方式完成市场调研分析，并基于此设计优化跟目标市场配套的商品和服务，制订精准且有效的营销策略，为用户带来更好的体验。

👤 案例2-1：

特斯拉（Tesla）作为知名电动汽车品牌，最初锚定了高端市场为目标市场，并成功吸引了高收入、高学历的消费群体为目标受众。随着市场竞争格局变化，特斯拉通过多项战略开拓市场，增加了平价车型，比如Model3，拓大了消费目标群体范围。特斯拉用独特的品牌定位、先进的技术和理念在全球范围内快速吸引消费者，并及时调整目标受众的市场竞争策略。即便在激烈的竞争环境中，特斯拉依然不断拓展电动汽车制造商的市场份额，保持领先地位。

2.1.2 差异化竞争策略打造产品独有"护城河"

面对持续变化的激烈市场竞争，中小微企业想要在市场中突围，就必须要找到自身的核心竞争力，并长期、专注、持续动态地进行核心竞争力打造和能力边界拓宽，形成战略竞争优势，从而赢得自己的市场份额。有效的差异化竞争策略，有助于品牌找到差异化竞争优势，打造产品独有的"护城河"。

差异化竞争策略主要帮助中小微企业跟竞争对手对标，找到自身独特的优势，从而提供对手缺失的产品和服务，满足目标受众的独特需求，为品牌赢得绝对竞争优势。这种策略能够帮助中小微企业以更低的竞争成本在激烈市场竞争中脱颖而出，以小搏大获得更多目标消费用户，为品牌创造更多市场机会，形成品牌影响力。

如何找到差异化策略？这是中小微企业需要重点考虑的问题，可以从商品差异化、服务差异化、品牌差异化3个部分展开。

1. 商品差异化

想要做到商品差异化，企业可以从创新设计、独特功能和质量优势三个维度实现。

第一，产品创新设计。

核心是深入了解目标受众的喜好和偏好，以区别于其他竞争者的独特设计理念吸引消费者。苹果公司在推出初代iPhone时，便是通过研发出区别于当前手机的核心技术，比如多点触控技术、简化的用户界面、iOS操作系统等，助力苹果公司快速赢得市场份额，重新定义了智能手机的标准。

第二，独特功能提供满足消费者的特殊需求。

基于目标受众的特殊需求，提供特殊的功能，满足其需求。以GoPro相机为例，相比传统的索尼、尼康、佳能等单反相机市场，它锚定了户外运动和极限运动爱好者的特殊场景的拍摄和录像需求。因此GoPro相机注重便捷防水、高清录像等特殊功能，从而打开了目标受众的市场，成为极限运动爱好者的首选。

第三，质量优势。

质量过硬是产品获得竞争优势的重要方式。能够为目标群体提供质量过硬的商品，也是品牌打开市场的重要原因。以日本的丰田汽车为例，它之所以能够成为享誉全球的老牌汽车品牌，主要得益于其对汽车的质量和耐用性的不懈追求。

2. 服务差异化

企业想要打造细分市场的竞争优势，除了保持商品差异性，也须提供差异化的服务给用户，以此提升客户的满意度和忠诚度。服务差异化可以是优质的购物体验，比如让用户在购买和使用商品的过程中产生更好的购物体验；也可以是一对一的个性化服务，个性化服务能更好满足消费者需求。以亚马逊为例，它在提供了优质的售前、售中、售后客户服务的同时，还提供了快速通畅的物流服务，赢得了大量的忠实消费用户。

3. 品牌差异化

打造品牌的核心是通过独特的品牌故事、品牌形象和企业文化等多个维度去锚定目标市场消费者的品牌心智。品牌差异化容易触发跟用户关联的品牌记忆。因此，做好品牌差异化，不但能够提高消费者的品牌认知度，而且能够极大提升市场竞争力，真是一举两得！

案例2-2：

沃尔玛的差异化竞争策略

沃尔玛（Walmart）正是通过差异化竞争策略，成功地在零售目标市场中搭建了自己的"护城河"，在全球范围内拓展了业务，成为世界领先的零售企业。经过深入研究，我发现沃尔玛的差异化策略包括以下3个方面。

（1）产品多样性。沃尔玛强大的供应链网络和全球采购能力，可以为消费者提供广泛的商品种类选择，满足一站式购物需求。

（2）低价策略。通过大规模采购和供应链优势实现成本效益，从而向消费者提供低于竞争对手的价格，吸引并留住了大量价格敏感度高、重视性价比的用户。

（3）优质服务。沃尔玛注重客户服务，通过与新技术联动，比如人工智能、物联网、大数据，提升了经营效率和用户体验。

以差异化竞争策略打造产品独有的"护城河"，是中小微企业获得市场认可、提升品牌影响力的重要途径。中小微企业可以深入调研目标市场和目标受众的需求偏好，提供差异化商品、服务、品牌，为品牌赢得差异化竞争优势。

2.1.3 案例分析：钟睒睒靠纯净水打造农夫山泉千亿王国

1. 背景介绍

中国知名瓶装水品牌农夫山泉成立于1996年，是一家专注于研发与推广饮用天然水、果蔬汁饮料、茶饮料和特殊用途饮料等各类软饮的民营企业。它的创始人钟睒睒凭借对市场的敏锐洞察，精准定位拳头产品为"天然水"瓶装水，成功将农夫山泉打造成为市值千亿的中国瓶装水市场的领军品牌。

2. 目标市场定位和细分市场

（1）确定目标市场层面。进军瓶装水市场前，钟睒睒原本想要拓展保健品业务去做保健酒，却意外看中了保健酒厂旁千岛湖的商机。凭借敏锐的商业嗅觉及市场调研综合判断，钟睒睒果断开启了卖水生涯，推出了拳头产品——"天然水"瓶装水，将其命名为"农夫山泉"，提出了"天然水更健康"的观点，顺势重新定义了瓶装水市场。

（2）市场细分层面。农夫山泉采用了以下3种市场细分策略。

策略一，地理维度细分。重点布局一二线城市，这些城市的用户对便捷、健康的饮用水的需求更为强烈。

策略二，人口特征细分。中高收入群体更愿意为高品质饮用水支付溢价。

策略三，消费者偏好细分。偏好健康和品质的消费者群体更容易接受农夫山泉的品牌理念和产品定位。

通过分析饮用水市场，农夫山泉明确了目标市场及其受众群体：以注重健康和生活品质的都市人群为主的消费群体。主要考虑以下几个因素：

因素一，基于企业自身优劣势去衡量。千岛湖让农夫山泉在选择水源做"天然水"方面具备独特的资源优势，企业配套的产品研发能力和品牌营销策略，可以满足目标市场需求。

因素二，市场规模和未来增长潜力。中高端消费者群体规模大，对品质商品的消费能力强。

因素三，竞争环境。瓶装水市场竞争激烈，"天然水"竞争市场尚未饱和。

3. 了解目标市场的需求和偏好

农夫山泉通过市场调研发现，目标群体对饮用水的需求不仅仅停留在解渴，更关注水质的安全、口感和健康价值。因此，农夫山泉在产品开发上强调天然、无污染的水源，满足目标市场的需求。

4. 差异化竞争策略：打造产品独有的"护城河"

在确定了目标市场后，钟睒睒制订了差异化竞争策略，通过提供独特的产品和服务，与竞争对手形成明显区隔，建立起农夫山泉"护城河"般的竞争优势。

（1）产品差异化

水源选择：农夫山泉选择天然优质水源，宣传"农夫山泉有点甜""我们不生产水，我们只是大自然的搬运工"，强调农夫山泉瓶装水的水源为高品质天然泉水，充分迎合消费者对健康、品质的追求。

产品品质：以严格的质量控制和生产工艺，确保每一瓶水都符合高标准，提升了消费者对品牌的信任度。

（2）服务差异化

优质服务：农夫山泉注重客户体验，从售前咨询到售后服务都力求做到最好，提升了消费者的满意度和忠诚度。

（3）品牌差异化

品牌形象：通过独特的品牌定位和营销策略，农夫山泉成功塑造了高端、健康、环保的品牌形象。

品牌价值观：农夫山泉倡导"健康饮水，保护自然"的品牌价值观，赢得了消费者认可和信赖。

5. 案例分析总结

钟睒睒通过精准的产品定位和差异化竞争策略，成功将农夫山泉打造成千亿级的饮用水王国。农夫山泉的成功经验表明了一个"真相"——做好产品定位是企业成功的首要条件。

2.2　基于定位明确目标用户画像

2.2.1　明确品牌定位是竞争市场中的有力环节

品牌定位保障了企业在市场中精准确定自身的独特位置，它不仅影响消费者对品牌的认知和情感联系，更直接决定了企业的市场表现和竞争优势。

在竞争激烈的市场中，清晰而准确的品牌定位可以提高品牌的吸引力和市场认可度，帮助企业准确把握市场机会。

1. 成功的品牌定位包含的关键要素

（1）目标市场：明确清晰的目标受众群体画像，包括年龄、地理位置、兴趣爱好、消费能力等。

（2）竞争优势：突出企业相对于竞争对手的差异化优势，例如产品特性、服务创新或品牌理念。

（3）价值主张：定义品牌对消费者的核心价值，确保消费者能够理解和接受品牌所传达的理念。

（4）品牌故事：塑造独特的品牌故事，使消费者能够快速与品牌建立起深层次的情感联系。

2. 做好品牌定位的关键步骤

为了实现有效的品牌定位，企业可以采取以下关键步骤。

第一步，市场调研。深入了解目标市场的消费者需求、竞争格局和市场趋势，明确市场机遇和挑战。

第二步，竞争分析。找准对标的竞争对手，并分析竞争对手的核心竞争维度，比如品牌定位和业务策略等，找到自身在市场中的独特性，形成自己的天然竞争优势。

第三步，定位策略制订。根据市场调研和竞争分析的结果，制订适合品牌的定位策略，明确市场细分、目标定位和品牌形象的建立。

第四步，实施与反馈优化。将定位策略转化为实际行动，并持续关注市场反馈和消费者反应，根据市场变化及时调整和优化品牌定位。

👤 案例2-3：

完美日记（Perfect Diary）

作为中国本土化美妆品牌，完美日记（Perfect Diary）主要通过以下三大策略赢得了市场认可，成为非常受欢迎的年轻品牌。

（1）目标市场：锚定一二线城市年轻女性消费者，特别是看重时尚且对化妆品有需求的群体。

（2）竞争优势：美妆产品质量过硬且社交媒体营销策略能吸引消费者参与互动。

（3）价值主张：完美日记以"美不设限"为品牌理念，致力于为年轻消费者提供高品质、易用、实惠的美妆产品。

通过以上策略，完美日记成功地在美妆市场激烈的竞争中确立了自己的独特品牌定位，成为中国本土化热门美妆品牌。

2.2.2　定位高潜力忠诚品牌用户的3个方法

在市场营销中，高潜力忠诚品牌用户通常是企业最有价值的客户群体，他们不仅对品牌有高度的认同感和忠诚度，还能为品牌带来长期稳定收益和口碑传播。根据这部分目标群体的用户画像特征，品牌可以持续优化品牌定位和目标用户运营战略。

1. 高潜力忠诚品牌用户通常具备的特征

（1）高度认同感。对品牌理念和核心价值深为认同，愿意成为品牌的忠实"代言人"。

（2）高频消费力。对品牌的产品或服务有较高的购买频率，形成稳定的消费习惯。

（3）积极参与度。愿意参与品牌组织的活动甚至自发组织话题等，传播并维护品牌形象，为品牌建设提供宝贵建议。

2. 定位高潜力忠诚品牌用户的3个方法

（1）精准的目标用户定位：明确高潜力忠诚品牌用户的特征和需求，帮助品牌精准投放匹配的资源和内容，并且提供符合需求的商品和服务，以此满足目标用户的需求，并抓住机会扩大用户池。深入了解和分析高潜力忠诚品牌用户的行为和偏好，并为之提供个性化服务和营销策略，可提高目标用户的品牌消费产出。

（2）积极的用户互动和体验优化：通过线上线下双管齐下，并通过社交媒体、线上社区、品牌活动等场景与目标用户产生互动与连接，对于其需求给予及时反馈，提供超出其期待的产品和服务，潜移默化提升目标用户的品牌认同感。

（3）建立深层次的品牌连接：想让高潜力忠诚品牌用户转化为品牌忠诚高价值用户，可以通过独特的品牌理念或核心价值观打动他们，也可以通过邀请他们参与社会责任活动或消费者共享价值观等方式来进一步建立更为深层次的品牌连接。

3. 品牌如何吸引忠实用户

（1）提供优质的产品或服务，保证用户满意体验。

（2）建立积极的品牌形象和企业文化，引发目标消费者群体的共鸣。

（3）通过创新和个性化定制服务，为品牌赢得差异化的市场竞争优势，从而牢牢抓住用户的注意力，用极致的用户体验增强用户忠诚度。

案例2-4：

MUJI（无印良品）

MUJI（无印良品）展示了成功的品牌定位和用户吸引策略。MUJI致力于提供简约、实用、高品质、平价的生活用品和家居产品，通过以下方式有效定位和吸引高潜力忠诚品牌用户：符合它目标市场的用户画像主要是注重生活品质的消费者群体，特别是年轻人和城市白领。图2-1中是MUJI线下门店数字时钟，这款数字时钟设计简洁实用，用599积分便可以兑换这款品质产品。

图2-1　MUJI线下门店数字时钟

图片来源：上海某商场MUJI线下门店实地拍摄。

相比同类品牌，MUJI的差异化竞争优势在于简约与实用的产品设计，以及高度贯彻绿色环保与可持续发展理念。在用户互动方面，MUJI通过独特的品牌理念和产品特性，建立了与消费者的深层次情感连接。在用户分群方面，MUJI定期产品创新，不断丰富和优化产品线，以满足不同用户群体的需求。

　　MUJI通过其独特的品牌定位，成功地塑造了关注产品细节、对产品精益求精的匠人品牌形象，充分提升了市场接受度。

2.3　借助数据工具锁定潜在用户

2.3.1　借助用户行为数据挖掘用户特点和需求

　　用户行为数据是指用户在互联网上的实际行为记录，如点击、浏览、购买、搜索等，能够客观反映用户的兴趣、偏好和行为模式。在市场营销中，用户行为数据是深入了解并分析用户特点和需求的重要依据。

　　1. 如何用行为数据挖掘用户的特点和需求？

　　（1）行为地图：通过分析用户的点击路径、浏览时长和频率等，揭示用户的兴趣和偏好。

　　① 数据类型：用户在网站上的点击、页面停留时间、滚动深度等行为数据。

　　② 路径分析：分析用户的点击路径，找出用户最常访问的页面和页面之间的转化路径。

　　③ 兴趣和偏好识别：通过用户停留时间和访问频次，确定用户对哪些内容或产品感兴趣。

　　④ 优化用户路径：根据用户行为数据优化网站导航和页面布局，从而优化用户行为路径。

　　（2）购买行为：深入分析用户购买历史和消费习惯，了解用户对产品特性的偏好和价值认知。

　　① 数据类型：用户的购买历史数据，包括购买的产品、购买频次、购买金额等。

　　② 行为分类：根据用户的购买频率、金额和产品类别，将用户分群（如

高价值用户、频繁购买用户、偶尔购买用户）。

③ 偏好分析：分析不同群体的购买行为，找出他们对哪些产品特性或品牌有偏好。

④ 个性化推荐：根据用户的购买历史和偏好，推荐相关产品，提升用户的购买体验和转化率。

（3）搜索行为：分析用户在搜索引擎中输入的关键词和查询内容，推断用户的需求和意图。

① 意图识别：通过分析关键词，推断用户的搜索意图（如信息查询、产品比较、购买意图）。

② 需求匹配：根据用户的搜索意图，优化网站内容，确保用户在进入网站后能够找到他们需要的信息或产品。

③ 内容优化：针对高频关键词创建和优化内容，提高网站在相关搜索中的排名，吸引更多有需求的用户。

2. 通过行为数据挖掘用户需求步骤

（1）数据整合：在事先充分告知并取得用户同意的前提下，在合理合法范围内整合不同来源的行为数据，建立完整的用户行为档案和数据库。

（2）数据清洗：剔除重复数据、修正错误数据、填补缺失数据，确保数据的准确性和完整性。

（3）数据分类：对清洗后的数据进行分类，创建分类标签（如"浏览""点击""购买""搜索"），标注每条行为数据（如"用户A购买了商品B"）。

（4）数据分析：通过统计分析和数据挖掘技术，对用户行为数据进行统计、聚合、关联、路径分析，识别用户旅程，构建用户画像，明确用户的行为路径、行为特征、需求偏好等。

（5）模式识别和预测：分析用户行为时间序列，识别用户行为模式的规律和变化，使用机器学习模型预测用户的未来行为和需求变化。

（6）需求挖掘策略制订：基于行为模式和潜在需求，为产品优化和策略制订提供支持。

（7）持续关注与改进：持续关注用户行为数据，评估优化策略的效果，进行持续改进。

通过以上步骤，可以系统地挖掘定位用户真正的需求，制订策略，并持续优化，以提升用户满意度。

案例2-5：

懂 车 帝

懂车帝是中国领先的汽车媒体平台，2017年8月正式上线App，背靠今日头条"流量池"，用户增长速度尤为迅猛。懂车帝通过平台大数据和用户行为数据，比如浏览行为、用户互动数据、车型偏好等，精准锁定汽车消费用户的特征和需求。围绕个性化推荐系统、精准营销策略制订和AI助手懂咔咔引入等，为用户提供定制化的汽车信息和购车建议。

（1）行为数据挖掘与用户特点分析。

懂车帝通过深入分析用户在平台上的行为数据，包括浏览行为、搜索偏好、车型互动等，构建了详细的用户画像。例如，能够准确识别哪些用户对新车上市信息感兴趣，以及这些用户的具体偏好和购车意向。

（2）锚定价值信息传递与市场定位优化。

在传递价值信息方面，通过品牌故事和内容营销，以及以"说真的还得懂车帝"作为汽车资讯平台懂车帝的Slogan，懂车帝传递了"专业"态度，内容上提供专业、权威的汽车资讯，包括车型评测、行业动态及购车导购等，旨在用户的购车、用车、养车、换车各环节中满足用户不同阶段需求，并帮助其做出明智决策。

懂车帝通过广泛的汽车资源和数据能力，及时更新和传播新车上市信息，满足用户对捕捉最新汽车动态的需求。这种及时性和专业性增加了用户的品牌信任度，也促进用户二次访问。举例来说，当某一汽车品牌发布新车型时，懂车帝能够立即通过其平台和社交媒体渠道推送相关内容。通过精准的用户分析和个性化推荐系统，懂车帝可以将新车信息推送给那些已经表现出购车意向且高度参与的用户群体。例如，如果数据显示某用户频繁浏览某品牌的SUV车型，懂车帝会优先向该用户推送该品牌的最新SUV车型上市信息，从而提高用户的活跃度。

（3）引入定制 AI 助手懂咔咔。

AI 智能助手的引入可以帮助用户更快速地了解汽车资讯、解决汽车问题，提供智能化和个性化服务，一定程度上在同类竞品中存在差异化竞争优势，可提升车圈爱好者品牌黏性。从图 2-2 中的懂车帝手机端"定制 AI 助手"界面和图 2-3 中的懂车帝手机端"AI 助手懂咔咔提问"界面可以看到懂车帝这款 AI 助手懂咔咔。

图2-2 懂车帝手机端"定制
AI助手"界面

图片来源：懂车帝App手机端。

图2-3 懂车帝手机端"AI助手
懂咔咔提问"界面

图片来源：懂车帝App手机端。

（4）助力汽车品牌链接用户。

"懂知行"作为懂车帝的商业大数据产品，整合巨量引擎全数据，完成了品牌和用户的链接，以及品牌用户诊断、战略规划、策略制订、营销投放、价值评估的闭环。

通过以上策略，懂车帝不仅成功锁定了潜在用户，为用户提供了车圈资讯，还在无形中提升了品牌的市场影响力和用户满意度。

2.3.2 锚定价值信息，锁定潜在用户

锚定价值信息是品牌通过多种渠道向目标用户及时传递的商品和服务价

值信息以及品牌核心理念，吸引潜在用户、建立品牌认同感的策略。

1. 锚定价值信息对于潜在用户的作用

通过明确的价值信息，品牌可以做到以下几点。

（1）目标用户价值传递：清晰定位品牌的独特卖点和核心优势，将品牌的独特价值清晰地传递给目标用户。

（2）扩大品牌价值触达：增加短视频、直播等新媒体渠道，补充传统线上线下渠道，扩大品牌价值信息的触达面，增加品牌和用户互动性。

（3）提升品牌价值认同：通过视频、直播等形式，将用户置于品牌价值场景中，提升切实的真实性体验，增强用户对品牌价值理念的认同，形成长期的品牌忠诚度。

2. 如何锚定价值信息

方法步骤如下。

（1）制订战略：根据品牌定位和目标用户群体，制订具体的价值信息传播战略。

（2）内容创作：围绕品牌核心价值和独特卖点，创作多样化内容，形态包括文章、图片、视频、音频等。

（3）渠道选择：选择合适的传播渠道，如社交媒体、新闻媒体、线下活动等，确保信息通过渠道有效触达目标用户。

（4）执行监控：持续监控传播效果，及时调整策略和内容，确保信息传递的有效性。

（5）效果评估：定期评估传播效果，根据用户反馈和数据分析，不断优化价值信息传播战略。

👤 案例2-6：

耐克（Nike）作为运动服装和鞋类品牌，通过"Just Do It"的核心价值主张，鼓励用户超越自我，追求卓越。这一价值信息不仅吸引了运动爱好者和年轻消费者，还在社交媒体和品牌活动中得到持续传递和强化，进而锁定了大量潜在用户，提升了品牌市场份额。

通过行为数据挖掘和锚定价值信息，品牌可以更精准地了解和吸引目标用户，优化营销策略、提升用户体验，并在竞争激烈的市场中取得持续增长。

2.4 掌握潜在用户的行为路径

2.4.1 几种了解潜在用户行为的方式

掌握用户行为对于推进业务有重要作用。要注意的是，经过用户明确同意后，才可进行信息搜集。搜集潜在用户信息时，必须确保遵守法律法规，尊重用户的隐私权，不得进行非法获取和使用个人信息。

常见的了解潜在用户行为的方式，包含以下几种类型。

（1）浏览行为：用户在网站或应用中浏览不同页面或产品的行为，反映其兴趣和偏好。

（2）搜索行为：用户使用搜索引擎或网站内搜索功能进行关键词搜索，揭示其需求和意图。

（3）互动行为：用户与网站或应用互动的行为，如评论、点赞、收藏、分享等，反映其参与程度和社交影响力。

（4）消费行为：用户完成或尚未完成交易，及其购买产品或服务的行为都属于消费行为数据。

常见的了解潜在用户行为的方式举例如下。

（1）社交媒体分析：利用社交平台提供的分析工具。国内外媒体的社交媒体平台均可以使用，国内如抖音、小红书等，国外如 Tiktok、Facebook Insights、Twitter Analytics 等，充分了解用户对于内容、产品的互动和反馈，包括但不限于分享、评论和点赞、产品交易转化数据等，都有助于你了解用户的喜好。

（2）网站和应用分析工具：例如 Google Analytics、Mixpanel 等，主要用于分析用户在网站或应用中的浏览路径、停留时间、转化率等数据。

（3）销售数据分析：通过分析用户的购买行为和消费数据，包括购买频次、订单金额、产品偏好等，揭示用户的购买决策过程和偏好变化。

这些方式不仅可以帮助企业了解用户的行为模式，还能够优化营销策略和产品设计，以更好地满足用户需求和提升用户体验。

2.4.2 市场竞争下用户行为潜藏着的得与失

在竞争激烈的市场环境中，用户的行为数据既蕴含着机遇，也伴随着一些挑战。

1. 用户行为中的市场机遇

（1）用户需求洞察：通过深入分析用户行为数据，企业可以制订个性化的营销策略，提供定制化的产品推荐和服务，提升用户购买决策的准确性和满意度。

（2）市场定位优化：了解用户的兴趣和偏好，能帮助企业更精准地定位目标市场和受众群体，优化产品开发和市场定位策略。

（3）市场竞争分析：市场环境和用户需求不断变化，企业需要持续关注市场波动和用户行为变更，同时，企业可以通过市场数据变化，充分了解竞争对手的市场策略，调整自身的发展策略，在激烈的竞争中保持优势，提高市场份额。

2. 用户行为中的市场挑战

（1）隐私和数据安全问题：收集和处理大量用户行为数据可能涉及用户隐私问题，企业须遵守相关法规，保护用户数据安全。

（2）数据分析的复杂性：处理和分析大数据量需要强大的技术支持和分析工具，企业须投入大量资源进行数据整合和分析。

（3）竞争对手模仿：竞争激烈的市场环境下，竞争对手可能通过分析用户行为模式来模仿或优化自身的营销策略，增加市场竞争压力。

案例2-7：

网约车网站，可通过合理合规方式进行用户行为分析，识别圈选出行场景下的高价值用户。网站可对不同价值用户进行等级划分，并对不同级别会员推出专属的打车优惠和服务权益，等级越高权益越珍贵，以充分提升高价值用户规模和履约订单规模。

网站可结合实际用户出行场景，充分挖掘不同出行场景的用户需求，从出行时效、服务质量、价格敏感度等多重维度满足用户真实需求，比如快车、拼车、高端专车等不同类型的打车服务，正是满足了目标细分用户的差异化需求。

另外，网站可通过分析用户的乘车偏好和时间段等要素，实现用户更为精准的优惠信息触达，提升用户满意度。

然而，随着市场竞争加剧，网约车平台也面临如何保护用户数据安全以及应对竞争平台抢夺市场的挑战。

综上所述，掌握潜在用户的行为路径是企业制定精准营销策略的关键。合理应用用户行为数据，对企业而言，既是机遇，亦是挑战。企业需要重视用户的隐私保护，在合法合规的情况下，借助数据满足消费者的真实诉求，以更好应对复杂变化的市场环境。

综上所述，掌握潜在用户的行为路径是企业制订精准营销策略的关键，了解和利用用户行为数据对企业而言既是机遇，也是挑战，企业需要重视数据隐私保护和数据质量，在合规的情况下，综合多种数据进行分析，以此来应对用户行为的复杂性和市场环境的变化。

运营

目标粉丝增长的方法论

第 3 章

3.1 提升曝光度，全面触达目标画像粉丝

3.1.1 曝光度对粉丝增长贡献度的底层逻辑分析

曝光度是指中小微企业的品牌、产品或服务在目标受众前出现的广度和频次，它是粉丝增长的前提条件，也是粉丝增长的关键驱动力之一。

在竞争激烈的市场中，当中小微企业品牌及相关内容高频地出现在目标受众的视野中时，有利于提升曝光度，拥有高曝光度的品牌可以直接吸引粉丝关注，带来账号粉丝增长，其重要性不容小觑。

1. 提升曝光度底层逻辑分析

曝光度的提升对粉丝增长贡献度有较好的促进作用，且商业价值高。其商业逻辑可以用一句俗语来解释："酒香也怕巷子深。"简而言之，只有曝光足够多，才能筛选出有意向的潜在目标用户群体，通过合理的增长策略、机制，吸引并带来粉丝量的增加，通过设计合理的交易转化"钩子"，带来粉丝增长的商业价值，包括但不限于关注、转发、评论、分享、购买等具有商业价值的用户行为。

没有曝光就没有触达，没有触达就没有目标用户，没有目标用户就没有交易转化。那么如何增加有效曝光度便成为提高粉丝增长贡献度的重要课题。

2. 提升曝光度策略

提升曝光度可通过多种策略实现，包括多渠道营销、广告投放、搜索排名优化等，以下是提升曝光度的常见策略。

（1）多渠道营销：通过社交媒体、广告投放、搜索排名优化、内容营销等多种渠道，全面提升企业曝光度，其中社交媒体平台支持广告、达人合作等多种推广类型，并可以结合人群包进行目标受众定向曝光品牌。（人群包是指利用媒体平台后台的人群画像查看账号粉丝特征，并使用基于特征划分人群类型的用户分群功能，筛选出的符合目标画像的用户群。）

（2）爆款内容创作：爆款内容自带热度，可以引发高流量和曝光度。

因此，创作发布有趣、有价值的优质内容，包含短视频、直播、图文等形式，是提升曝光度的密码，可以引发受众自主关注和裂变式分享，可以快速扩大内容曝光度和品牌影响力。

（3）达人合作推广：和具有影响力的KOL（垂直领域意见领袖）及有目标受众的KOC（普通消费者意见领袖）合作，或者跟MCN合作，借助符合品牌调性的不同类型达人，借助合作达人覆盖的粉丝规模影响力及其独特的内容创作与推广策略，或者直接依靠合作达人的粉丝影响力及其爆款内容能力，跟粉丝建立起信任度，快速实现破圈，持续产生高品牌曝光度，得到粉丝增长的效果。如果企业的业务本身就是达人营销，那么就更加需要好好实施达人策略，发挥自身影响力。

（4）定期互动活动：通过社群、社区、社交媒体官方账号等渠道跟粉丝进行积极互动，并定期举行互动活动，引导粉丝参与互动、分享转化，扩大品牌影响范围和粉丝关注度。

3.1.2 筛选并全面触达目标画像粉丝

目标画像粉丝指的是符合企业品牌或内容定位的目标受众群体，具有潜在的忠诚度、关注度或者是购买意向，是中小微企业用户运营过程中的关键目标对象。

1. 全面触达目标画像粉丝的重要性

基于前期的曝光，用户运营可以筛选出一批有意向的潜在目标画像粉丝群体。如何让目标用户产生具有商业价值的行为？首先离不开筛选并全面触达这些目标画像粉丝，只有如此，用户运营才能将企业优质商品、服务品牌传播给他们，才有机会带来转化。

2. 筛选目标画像粉丝的方法

（1）数据分析：通过用户行为数据和消费数据分析，总结共性和差异化特征，找出符合目标画像的用户群体。

（2）用户圈选：利用社交媒体平台后台的人群画像查看账号粉丝特征，并使用人群包等用户圈选功能，筛选符合目标画像的用户。

3. 全面触达目标画像粉丝的策略

（1）建立连接：利用社交媒体平台提供的人群包数据和标签，借助达人合作与企业账号自主投放，有效地触达大规模流量，建立品牌与用户之间的连接和信任，提升用户对品牌的黏性，找到并沉淀品牌的目标粉丝群体。

（2）精准营销：通过定向广告投放、内容推广、营销活动，将品牌形象和产品信息精准地传递给细分目标受众，实现精准营销，有效提升品牌在目标受众侧的曝光度。

（3）优质体验：根据目标粉丝的兴趣和偏好，提供个性化的定制或推荐内容和服务，通过让用户体验优质商品的功能、服务等，吸引用户关注、互动，进而提升用户留存率。

👤 案例3-1：

华为（Huawei）在筛选并全面触达目标画像粉丝方面展示了成功的案例。华为的目标画像粉丝主要是对高科技、创新和品质生活感兴趣的全球用户群体。

数据分析：华为通过强大的大数据分析能力，深入挖掘用户在全球范围内的行为数据、产品使用情况和购买偏好。通过这些数据分析，华为能够精准把握不同市场的目标粉丝特征和需求，从而优化营销策略。

社交媒体定位：在全球范围内，华为利用各大社交平台如Facebook、Twitter和Instagram等，通过定向广告和内容推广策略，精准地触达符合目标画像的用户群体。他们利用平台提供的用户数据和兴趣标签，精细化地进行用户定位和内容推送。

在全面触达目标画像粉丝方面，华为采取了以下措施。

优质体验：华为通过其官方网站和移动应用向用户推送个性化的产品推荐、新品发布和技术更新信息。这些个性化推荐不仅提升了用户体验，还增强了用户与品牌之间的互动和忠诚度。

精准营销：华为利用全球化的营销网络，通过线上线下结合的方式进行品牌推广和产品营销。他们结合各个国家或地区市场的文化特点和消费习惯，精准投放广告，并开展促销活动，有效提高了华为品牌在目标市场的认知度和市场份额。

3.2 设置"钩子"，吸引粉丝主动上"钩"

3.2.1 学会把利益点变成强有力的"钩子"

"钩子"是指吸引目标受众主动参与、产生兴趣和行动的关键点或策略，具有"一两拨千金"的奇效，可以引发用户的好奇心，产生进一步互动。在品牌营销推广中，有效设置"钩子"可以引发兴趣，吸引粉丝和客户对品牌产生兴趣，提升关注度。

1. 把利益点变成强有力"钩子"的原则

（1）独特性："钩子"需要具有独特性，与其他竞争对手区分开来，吸引目标受众的注意。

（2）价值明确："钩子"必须能够为目标受众带来明确且足够的价值或利益，激发其参与动力。

（3）简洁明了："钩子"的表达方式要简洁明了，让用户能够快速理解并产生共鸣。

（4）稀缺性和紧迫感：利用稀缺性和紧迫感来增强"钩子"的吸引力，如限时优惠、限量赠品等，促使用户尽快行动。

2. 把利益点变成强有力"钩子"的策略

（1）独特故事和文化背景：打造品牌独特的故事和文化背景，用情感化的方式讲述品牌故事，以情动人且言之有物，使之成为触动用户的"情感钩子"，甚至给用户种下触动灵魂深处的心锚，引发情绪共鸣和深层次的情感连接。

（2）独特体验：打造独特、个性化的体验作为"记忆钩子"，吸引用户参与并留下深刻印象。

（3）奖励机制：设置奖励机制作为"动机钩子"，如优惠促销、积分兑换、礼品赠送等，激发用户参与并购买产品，还可以结合设计各类线上线下活动，比如品鉴会、工厂参观等，增强品牌与消费者深度互动的机会，增加品牌亲密度的同时提高消费冲动。

👤 **案例3-2：**

青岛啤酒（Tsingtao Beer）以其独特的品牌故事和文化背景赢得了全球消费者的喜爱。在吸引目标粉丝方面，青岛啤酒采取了以下策略。

独特故事和文化背景：青岛啤酒通过打造富有中国传统文化元素的品牌形象和广告宣传，引起消费者对于传统文化的情感共鸣。例如，通过与中国传统节日和民俗相结合的营销活动，吸引了消费者对青岛啤酒品牌的关注与认可。

奖励机制：青岛啤酒在推广活动中常常设置奖励机制，如让消费者通过购买指定产品获得礼品或参与抽奖活动等。这种奖励机制吸引了消费者参与活动，并增强了消费者与品牌之间的互动和忠诚度。

线上线下结合：青岛啤酒通过举办各种线下活动和体验活动，为消费者提供独特的品牌体验。例如，邀请消费者参加啤酒节庆活动、品鉴会或到工厂参观等，让消费者深度了解品牌故事和生产过程。

3.2.2 产品"钩子"设得好，酒香不必担忧巷子深

产品"钩子"的作用非常重要，可以帮助产品在激烈的市场竞争中脱颖而出，吸引用户的关注和购买欲望。一个好的产品"钩子"能够有效地传达产品的独特卖点，引起用户的兴趣和认同。

1. 促使用户选择购买该产品

以下是设定产品"钩子"的策略。

（1）突出独特卖点：明确产品的独特卖点，如功能创新、材料独特、设计精美等，以吸引用户的关注和促使用户购买。

（2）讲好产品故事：通过讲述产品的设计理念、制造工艺、品牌文化等，增强产品的情感价值和用户认同感，使用户更容易与产品建立情感联系。

（3）用户体验优化：提供出色的用户体验，包括便捷的使用方式、高效的客户服务等，让用户感受到产品的卓越性，并提升用户满意度。

（4）社交媒体传播：利用社交媒体平台进行产品传播，通过短视频、直播等形式展示产品的卖点和使用效果，吸引用户的关注，增加产品曝光度。

（5）用户评价和口碑：利用用户评价和口碑进行产品宣传，通过真实用户的使用反馈和推荐，提升产品的可信度和吸引力，激发更多用户的购买欲望。

案例3-3：

戴森（Dyson）作为一个成功的创新电器品牌，通过巧妙地设置产品"钩子"，实现了产品的广泛传播和用户增长。

独特卖点：戴森的产品以创新的设计和高科技功能为卖点，如无叶风扇、强力吸尘器等，吸引用户的关注和好奇心。

产品故事：通过讲述产品的研发过程、设计理念和技术突破，增加了产品的情感价值和用户认同感，加深了用户对产品的好感度。

用户体验优化：提供了便捷的购买渠道和优质的售后服务，使用户在购买和使用过程中享受到极致的体验，增强了用户对品牌的信任度和忠诚度。

社交媒体传播：利用社交媒体平台展示产品的使用效果和独特卖点，吸引了大量用户的关注和分享，提升了产品在互联网上的曝光度和知名度。

用户评价和口碑：通过真实用户的评价和推荐，以视频评测、社交媒体用户反馈等形式，增加了产品的可信度和吸引力，帮助更多用户做出购买决策。

通过以上策略的应用，戴森成功地打造了有吸引力的产品"钩子"，从而赢得了用户的喜爱和市场的认可。

3.3 渠道多样化，打造中小微企业流量矩阵

3.3.1 渠道重构：电商内容借助算法开启"货找人"

作为头部互联网企业业务生态中的一环，中小微企业主动加入或者被动卷入这场商战中，想要更好地生存突围，便要知己知彼。

在互联网商业环境中，中小微企业需要重构渠道策略。

内容为王的商业时代，核心还是在于优质内容可以带来流量，流量就是潜在用户和用户交易转化。以抖音电商、视频号小店等为主的内容电商赛道，让用户可以通过"人找货"和"货找人"两种方式购买自己所需的商品和服务。

因此，中小微企业可以充分联动"人找货"和"货找人"双向模式，了解内容平台流量分发规则，找到新的生意增长机会，实现更高效的流量获取和产品推广转化。

只有紧跟行业和平台趋势变化，及时了解规则，中小微企业才能够利用规则找到业务增长机会点，为自己杀出一条生路。

1. 抖音

利用抖音短视频平台的算法优势，通过创意、互动和用户体验来吸引目标用户，提升产品曝光和销售转化率。中小微企业借助抖音巨大的流量入口，充分利用电商、内容、用户需求这三角触网，形成高效的转化通路，将电商内容与用户需求进行有效匹配，抖音电商"货找人"的货架模式与以内容为基础的兴趣电商"人找货"的模式双向闭环，满足用户购买需求，打通抖音全域电商布局通道。

相比传统电商，以抖音为主的内容电商赛道可以让中小微企业通过内容生产获得流量，带来目标购买用户。抖音从创作者生产内容到推荐引擎分发内容，再到用户互动带来交易，可形成完整的业务增长飞轮闭环。

环节一：中小微企业可自行创作内容或找合作达人在平台进行内容创作，产生优质内容，吸引目标用户。

环节二：高效的内容推荐引擎，可促进中小微企业生产的内容有机会分发或匹配给有需求的用户。

环节三：基于精准分发，用户对感兴趣的内容会产生良性行为反馈，为中小微企业带来信息留资、下单转化等结果。

抖音正是充分将兴趣电商的内容精准分发给目标用户，才能带来极高的用户电商转化价值，以用户主动搜索和抖音商城为主的货架电商正好满足了用户自发搜索、收藏喜爱店铺等主动性行为需求，当然也弥补了算法逻辑下推荐信息流的内容兴趣电商的不足，全域电商的形成符合现阶段抖音电商的业务增长需求。中小微企业要充分把握兴趣电商和货架电商的推送规则，找到自身业务的增长机会点。

2. 小红书

结合小红书社区的用户特点和购物需求，"种草"营销是非常有效的策略。通过真实用户体验和推荐，打造具有影响力的品牌形象，吸引用户关注，实现成功"种草"。然而种草经济的底层逻辑需要从用户的消费决策心理层面思考。

消费者实施购买行为背后的动机和驱动力有经济、情感等因素，这些需求会影响用户的消费决策，其中最直接的因素就是用户对于商品的需求及商品的性价比。种草营销正是通过内容种草、达人分享案例、社区氛围引导等多管齐下，大大提升用户对于商品的需求度。当然面对不同类型的用户需求，种草的方式跟用户购买引导的方式也是不同的。比如，对于一个 Vlog 博主，拍摄视频就是日常工作需求，当手机无法满足需求的时候，有拍摄视频功能优势的相机便成了刚需。那么针对这样的高客单价的刚需品，小红书搜索到的相关种草视频需要围绕目标群体关注度和需求，通过介绍解说、使用效果对比等多维进行种草，让这位有购买需求的 Vlog 博主明确购买的机型，并找到性价比相对较高、品质有保障的购买渠道完成下单。

接下来，笔者将围绕小红书种草营销的三个维度展开介绍。

（1）原创内容创作：在小红书平台上进行原创内容创作，分享产品体验、使用技巧、种草心得、购买攻略等内容，吸引用户关注和互动。

（2）选择匹配 KOL：选择与品牌定位相符的 KOL 进行合作，找到内容风格和粉丝受众匹配的达人，利用其粉丝基础和影响力，提高产品的曝光度和信任度。根据 KOL 内容风格、主题类型和目标受众用户画像，给出明确的内容合作标准（BF），包括但不限于广告植入要求等，达人可以制作合作短视频或图文推荐等内容，让推荐更为真实自然，增加粉丝种草意愿。

（3）社区氛围引导：通过小红书社区功能适用和社区氛围营造，建立并引导粉丝进社群，与粉丝进行深度互动，增加用户黏性和转化率，形成口碑传播效应。

3. 视频号

视频号背靠微信这个国民级别软件，用户流量池巨大。配套社群、朋友圈、公众号等功能，可以说形成了私域流量的完整闭环。视频号小店的电商产品推出，为微信生态的私域流量提供了流量转化的交易场景。

视频号相比于其他内容平台有以下特征。

（1）产品定位上：视频号侧重真实的生活分享。

（2）推荐机制上：视频号以社交推荐为主。

（3）平台特性上：视频号是微信生态的一环，侧重完整的从公域—私域流量到赢利的闭环。

中小微企业可以充分了解视频号特征，并通过视频号有效运营私域流量带来的潜在目标用户，配套社群深度维护运营，带来私域成交，形成私域运营赢利闭环。这有三个重点内容。

社交裂变：通过创意视频内容展示产品特色和使用场景，利用用户的社交关系链进行内容推荐、裂变传播。

创建微信群或社群：通过视频号引导用户加入品牌的微信群或社群，与用户建立直接联系，便于实时互动和沟通。

定期直播：在视频号中定期进行直播，积极获取平台流量，提升直播间观看人数，与用户进行实时互动，展示产品特点和使用方法，提升直播间观看时长，提升直播间的用户转化率。

3.3.2　线上渠道：常见主流媒体机会点和引流方式

对品牌而言，达人营销和信息流投放不失为引流常见方式。从中小微企业的引流目的出发，达人营销对于品牌是提升品牌口碑和影响力价值的方式。因此，接下来主要就如何进行达人合作及引流展开深入探讨。

达人营销核心包含两方面：一方面是达人建联与合作，另一方面是达人分层管理与成长运营。

达人建联与合作分为几个环节，分别是找到合作达人、达人日常合作维护、进行深度维护、建立深度合作。

1. 找到合作达人

一共有4种方式，分别是社交媒体平台、中介平台如达人营销平台、商单通告社群网和沉淀达人底池直接合作。

（1）社交媒体平台。通过社交媒体，比如微博、抖音、小红书等寻找、关注和联系潜在达人。通过私信或评论与他们互动，表达合作意向，并建立起初步的联络和交流。

（2）基于不同内容平台的商单撮合平台，比如蒲公英、星图等。平台会给客户提供具体筛选标签，企业可以基于符合要求的标签做基础筛选，建立合作关系。

（3）商单通告发布群。群内集中了不同类型的达人，并且本身具备圈层效应，可以在群内发布相关信息进行触达，引导大家参与或转发。

（4）持续沉淀的达人底池。基于历史数据表现筛选符合要求的达人，并通过微信或其他通信方式触达。

以上方式，可以联系达人，并以活动利益点为触点建立合作。

另外，基于达人本身内容风格、粉丝价值、传播数据、性价比等，判断达人匹配度，以及依据历史合作数据判断是否符合品牌所需。

2. 达人日常合作维护

日常运营除了跟达人建联，还需要通过成长激励，比如分层、激励活动，引导达人成长。除此之外，需要基于内容力、货品力等维度提升达人经营力。内容力维度，比如提供内容案例、内容生产模版、内容复审建议等；货品力维度，比如提供优质商品明细等。

3. 进行深度维护

可以基于微信、社群等场景对达人进行深度维护，并对合作关系进行巩固，比如定期开会或进行电话、视频会议，了解合作进度，把握问题和反馈，并及时解决存在的难题与困扰。

4. 建立深度合作

共有4种方式，分别是建立合作计划、紧密沟通与协作、建立互信关系、提供支持与资源。

（1）建立合作计划。在与达人建立联系后，制订具体的合作计划。明确合作的目标、时间表、预算及双方的责任和权益。确保合作计划明确、具体，并与达人进行充分的沟通和确认。

（2）紧密沟通与协作。在合作过程中，与达人保持紧密的沟通与协作。比如定期开会或进行电话、视频会议等。

（3）建立互信关系。与达人建立良好的互信关系是进行深度合作管理的关键。确保清晰的沟通、诚信的合作，并与达人建立持久的合作伙伴关系。

（4）提供支持与资源。

达人分层管理与成长运营包含 3 个部分，分别是达人分层与分群、达人分层管理、达人成长。

1. 达人分层与分群

达人分层与分群是指根据达人的影响力、内容风格、品类差异和粉丝属性等不同维度将其进行分类管理。在达人分层与分群的过程中，可以根据达人的粉丝规模、内容类型和互动频率等指标，将达人分为不同的层级和群体，以便针对不同特征的达人实施有针对性的管理策略。

达人可以分为头部达人、中腰部达人和尾部达人。头部达人具有广泛的影响力，拥有大量的粉丝，但合作成本高；中腰部达人具备一定的影响力和粉丝基础，合作性价比高；尾部达人粉丝量较少，但在特定领域内具备较高的专业性和忠实度。通过分层，品牌可以合理配置资源，最大化合作效益。

分群则根据达人内容风格和品类差异进行细分，如时尚、美妆、食品等不同细分垂类，以便精准匹配品牌推广需求。

通过达人分层与分群，可以优化资源配置，提升达人与品牌匹配撮合效率，提高达人在品牌传播推广中的价值，实现达人与品牌共同成长的目标。

2. 达人分层管理

怎么管理？可以进行整体达人池子的分层运营维护。

分层，要基于达人的数据表现。数据表现会展示出达人在什么样的基础等级。

考虑达人的生命周期也至关重要。生命周期是从新手期到成长期再到成熟期,从几个维度去做达人的分层,然后基于这个分层给达人匹配对应的奖励体系。

这个体系,简单来说,主要可以用来打通内容发布路径,并给出一条明确的赢利路径,它能基于核心能力,比如内容力、货品力,进行合理性引导。

对于处于中腰部层级的达人,其作用定位为提升收入产出,那么提升广告商业订单的合作数量,保证商单接单的稳定性,就能使收入产出更加稳定。对于头部达人,其在当前阶段的重要作用定位为提升影响力,那么更优质的广告合作价值不容小觑。找到不同层级达人的核心需求,并通过合理的政策加以引导并给出收益保证,让达人可以在这片土壤更好地生存、生长,让源源不断的潜力新星可以如雨后春笋般成长,让达人在这个场域百花齐放,共同打造良好的生态,是整个体系良性发展的重要目标。

3. 达人成长

在初始阶段,达人的主要任务是找到自己独特的定位和风格。形成特定风格后,达人想要成长,需在内容创作、流量获取和赢利能力等多个方面发展,而内容力、流量力、赢利力、影响力是达人成长的核心要素。结合粉丝规模成长路径,可以更好地指导达人在不同阶段做出有效的发展决策。

(1)初始阶段:该阶段,达人的主要任务是找到自己独特的定位和风格,其成长关键在于:

① 内容定位:明确自身的兴趣和专长,选择一个特定的内容领域。

② 风格塑造:形成独特的内容风格,通过个性化的表达方式吸引特定的受众群体。

③ 持续输出:定期发布高质量的内容,保持与粉丝的互动,提高粉丝的黏性和忠诚度。

(2)形成内容风格阶段:该阶段,达人的主要任务是形成自己特有的"内容四力模型",分别是内容力、流量力、赢利力及影响力。

① 内容力。内容力是随着内容需求表达、创作生产、互动传播形成的内

容产业而形成的，它直接决定了内容质量和传播广度。以下是增加内容力的几个关键要素。

要素一，高质量的内容创作。达人需要不断提升内容质量，包括创意、原创性、专业性等方面，吸引粉丝关注和持续互动。

要素二，多样化的内容形式。尝试多种内容形式，如图文、视频、直播等，满足粉丝多样化的消费需求，拓展受众范围。

要素三，定期更新和互动。保持内容更新频率，与粉丝保持互动，增强粉丝黏性。

② 流量力。流量力是在单位时间内用户关注度、传播度、互动率等用户行为具有的商业价值，它直接决定了达人账号和发布内容的用户互动传播数据。以下是增加流量力的几个关键要素。

要素一，优化推广策略。结合平台特性和用户需求，制订有效的推广策略。

要素二，合作互推和跨平台传播。与其他达人或平台合作，进行互推和跨平台传播。

要素三，关注数据分析。定期分析流量来源和转化情况，及时调整推广策略，提高精准流量获取效率。

③ 赢利力。赢利力是达人搭建多元化赢利模式，通过粉丝经济建设和专业服务技能提升带来商业赢利能力，它直接决定了达人赚钱的规模效率。以下是增加赢利力的几个关键要素。

要素一，多元赢利模式。除了广告收益，还可考虑付费内容、电商推广、品牌合作等多种赢利方式，实现收入多元化。

要素二，粉丝经济建设。打造粉丝经济闭环，如会员制度、粉丝社群运营等，提高粉丝参与度和忠诚度，促进赢利能力的提升。

要素三，专业服务与技能提升。不断提升个人品牌影响力和专业水平，提供专业化服务，从而得到更多合作机会和增值服务。

④ 影响力。影响力是达人成长过程中至关重要的一环，它直接决定了达人在社交平台上的曝光度、粉丝互动率及商业合作的机会。以下是增加影响

力的几个关键要素。

要素一，内容深度和专业性。深入挖掘自己擅长的领域，提供高质量、有深度的内容。专业性强的内容能够吸引更多同行和关注该领域的粉丝，建立起良好的行业影响力。

要素二，社交互动和粉丝参与。积极参与社交平台上的互动，回复粉丝评论、参与话题讨论，增加粉丝的参与感和黏性。高互动率的账号往往更容易被平台推荐和推广。

要素三，跨平台扩展和合作。在多个社交平台上保持活跃，通过跨平台推广扩大影响。与其他达人或相关品牌进行合作，共同推广，这样不仅增加曝光度，还能够吸引新粉丝的关注。

要素四，持续学习和个人品牌建设。不断学习行业新知识，提升个人专业水平和影响力。建立和维护个人品牌，使其在粉丝和合作伙伴中具有稳定和可信赖的形象。

要素五，利用数据分析优化策略。定期分析数据，了解粉丝的喜好和行为习惯，根据数据优化内容和推广策略，提高精准度，达到良好的效果。

结合粉丝规模成长路径，达人可根据粉丝规模的变化阶段，进行有针对性的内容、流量和赢利策略调整。

（1）新手期达人需解决创作和商业意识，可基于课程和参考成熟达人的爆文案例，尝试开启商单任务，打通路径，需要注重内容质量，积累初始忠实粉丝群体。

（2）成长期达人可通过内容任务和挑战赛活动等，稳定发布内容，优化流量，从而获取渠道和平台推广，扩大影响力和粉丝基数，提升带货能力，建立合作关系促进赢利，实现稳定接单。

（3）成熟期达人是达到足够水平的带货达人，可结合内容一口价和效果激励政策、等级机制，拿到最高奖励和权益，应多做创新保证头部位置，深耕粉丝经济，提供高质量服务和内容，实现持续增长和商业化转型。

通过不断完善"内容四力模型"，从内容力、流量力、赢利力和影响力四个维度，结合粉丝规模成长路径，达人可以实现持续成长并建立稳固的个人品牌，持续影响平台其他达人，最终实现职业化发展，从而更快、更稳地走向成功的达人之路。

3.3.3 线下渠道：如何借助线下渠道提升精准引流效率

在电商白热化竞争的大环境中，虚拟现实(Virtual Reality，VR）概念兴起，不过线下渠道依然在品牌营销中发挥着不可替代的作用。线下渠道除了帮助品牌提升关注度，还能通过多维度、全方位的互动形式实现精准引流。以下将具体阐述如何借助线下渠道提升精准引流效率。

1. 线下场景重在体验

举办线下展会、体验店、品牌活动等都是让消费者快速深入了解并接触商品的重要形式，线下场景所带来的沉浸式体验是线上场景无法比拟的！

中小微企业可以通过多种方式举办或参加线下活动，跟消费者产生链接，包括但不限于新品发布会、限时快闪店、主题展览等。这类线下活动极大地吸引筛选出了一批精准的目标消费者，原因是线下活动参与门槛其实远比线上足不出户要高，能够参与线下活动的消费者，已经具备极大的兴趣和较高的意向。因此，需要好好利用近距离跟消费者接触的线下场景，跟目标消费者进行深度沟通，并提供极致体验，让潜在目标受众和目标群体成为品牌忠诚用户。

为了进一步提升用户体验，中小微企业也可以开设线下品牌体验点，比如展会或品牌体验店，主要是提供产品试用和互动体验，可以有效增强消费者对品牌理念的认可度和好感度，即便没能够带来线下直接下单，也可以引导线上首次或二次购买。

（1）线下活动策划执行：策划线下活动需要重点考虑的首要因素是目标受众群体及其所在城市地区，这决定了活动选址和活动参与率；其次，活动设计可以充分考虑流程环节和互动门槛；除此之外，需要考虑目标群体的需求兴趣，设计匹配具有吸引力的活动亮点和形式，提升参与动力，打造优质体验。比如，彩妆商品可以策划护肤小游戏或者专业知识培训课，吸引有护肤学习需求的群体参与。

（2）体验点场景规划设计：体验点有不同形式，比如展会、店铺等，这需要重点考虑流量的问题，搭建这些体验点的核心是通过人来人往的流量，吸引感兴趣的潜在用户进店并在展览位置停留；在设计层面，中小微企业需要考虑符合品牌调性，色彩、卡通、Logo等都可以有所体现；另外，需要保障用户停留的休息互动的空间；最后，体验店的引导员需要提前培训，提升专业度，包括但不限于服务质量、相关知识储备等。以上因素都是保障消费者优质体验的重要因素。

2. O2O 模式双向引流

线上到线下（Online to Offline，O2O）模式，线上线下相结合产生交易闭环的模式，比如本地生活服务业务——美团、口碑、字节本地生活、盒马等，核心是提升引流和转化效率。中小微企业可以通过线上平台发布相关活动信息，吸引线上用户到线下完成消费和体验。与此同时，线下店铺也可以通过注册会员等方式，将用户转化并引流成为线上用户，实现双向引流交易闭环。

（1）线上引流线下：策划并提供优惠券、试用装等多样化的线下福利和权益，通过社交媒体、电子邮件、短信等渠道发布线下活动信息，吸引并激励线上用户到线下门店或展位消费。

（2）线下引流线上：在店内设置二维码，消费者通过扫码关注品牌公众号并注册成为会员，可以获得注册会员专属优惠，并可以获得对应积分，积分可以持续增长并且兑换更多的福利和权益。消费者成为新会员后，企业配套用户运营措施，可以提高线上平台用户活跃度，并带来相应的交易转化。

3. 线下媒体投放广告

线下媒体投放广告是提升中小微企业品牌知名度并进行引流的传统方式，如果品牌预算充足，也不失为极为重要的方式。核心是通过在人流密集的地段投放广告产生品牌曝光并大范围覆盖潜在消费者，常见场景有地铁站、商场、写字楼等。分众传媒的发展正是充分挖掘了这个商机，该公司具备战略眼光，将商机定位于楼宇广告，成为全球范围首家电梯媒体。除此之外，传统媒体，如报纸、杂志、电视等，依然是品牌进一步扩大影响力的重要路径。线下媒体广告投放有两个重要的因素。

（1）广告投放位置选址：选择合适的媒体类型及广告投放位置是重中之重。中小微企业可以提前进行用户调研，明确目标受众的生活活动区域，精准选择广告投放点。比如，商品定位为面向一二线城市的年轻白领用户，可以选择一二线城市的写字楼楼宇广告、热门商圈和写字楼居多的地铁站进行广告点选择和广告投放。

（2）广告内容创意生产：好的广告内容一定是能够快速吸引消费者专注力和注意力的！因此，广告内容的创意度和吸引力尤为重要，中小微企业的用户运营需要明确品牌信息和产品亮点，并提供给设计师，通过生动的视觉效果和简洁有力的文案抓住消费者眼球，完成内容营销！

4. 线下渠道通力合作

与线下渠道建立合作关系并与优质合作商进行深度合作，可以高效规模化地提升精准流量触达，并提升引流效率。中小微企业可以通过与零售商铺、商场、酒店等实体合作伙伴建立合作关系，比如联合举办活动等，扩大在线下渠道的知名度，在实现资源共享的同时吸引消费者。

（1）渠道拓展策略：在选择合作渠道时，应充分考虑目标市场和消费者群体，选择与品牌定位匹配的线下渠道进行合作，确保营销效果最大化。

（2）联合营销活动：与合作伙伴举办联名活动，如购物节、促销活动等，实现资源共享、互惠互利，提升对潜在目标受众的影响力。

5. 数据驱动线下营销

品牌可以借助大数据和人工智能技术实现线下营销的精准化。通过对消费者行为等数据进行分析，用户运营可以充分了解消费者的偏好和需求，进而制订有针对性的营销策略，提高引流和转化效率。

（1）数据收集与分析：利用智能设备和系统，如智能摄像头、POS机等，比如阿里巴巴零售通正是通过销售终端（Point of Sales，POS）端口了解零售通合作线下门店中消费者的购买需求，收集消费者的行为数据，包括进店频率、停留时间、购买偏好等。

（2）洞察消费者的购物需求和习惯：通过对这些数据的分析，可以洞察消费者的购买偏好等，驱动消费者完成购买。

用户运营可以通过以上策略，帮助企业有效提升线下渠道的精准引流效率，实现线上线下的协同发展，进一步增强品牌的市场竞争力和影响力。

3.3.4 案例分析：完美日记成功营销打造国货美妆标杆

完美日记（Perfect Diary）是 2017 年创立的本土彩妆品牌，主要经营化妆品、护肤品、面膜、化妆工具等，研发了一系列"易上手、高品质、精设计"的时尚彩妆产品，为新一代中国女性提供快时尚彩妆产品和美丽方案。

作为新兴国货品牌，完美日记通过一系列成功的营销策略迅速崛起并成为国货美妆的标杆。截至 2024 年 6 月，完美日记天猫旗舰店已有 1 893 万粉丝，店铺综合体验分 5.0，品牌商业竞争力可见一斑。详情可见图 3-1 完美日记（Perfect Diary）天猫旗舰店粉丝评分截图。

图3-1　完美日记（Perfect Diary）天猫旗舰店粉丝评分截图

图片来源：https://perfectdiary.tmall.com/shop/view_shop.htm 完美日记（Perfect Diary）天猫旗舰店网页版。

接下来将详细拆解完美日记的营销策略，结合用户运营分析，探讨其在品牌定位、产品策略、渠道布局、营销方式等方面的独特之处。

1. 品牌定位

完美日记的品牌含义是 Unlimited Beauty，美不设限，其品牌定位非常清晰，主打"易上手、高品质、精设计"的品牌理念，主要目标受众就是追求美丽并持续努力的年轻女性。她们在追求时尚和高品质的同时，也在追求亲民价格。完美日记的产品线和价格段正好契合目标受众的需求，便成了这些年轻女性的彩妆品牌选择。

（1）时尚设计：完美日记在产品本身的设计和包装呈现上不断紧跟时尚潮流，持续创新，追求美超越美，并持续推出符合年轻爱美女性需求和审美的系列产品，打造了不少超级爆品。

例如，作为"世界三大博物馆"之一的大英博物馆，跟彩妆先锋品牌完美日记合作推出了联名款16色眼影盘，设计灵感来源于大英博物馆藏品——文艺复兴时期的马约里卡陶盘。眼影盘配色美艳绝伦，犹如打破的画盘一般。详情可见图3-2完美日记（Perfect Diary）大英博物馆联名款16色眼影盘。

图3-2　完美日记（Perfect Diary）大英博物馆联名款16色眼影盘

图片来源：界面新闻报道https://baijiahao.baidu.com/s?id=1615621463307163703&wfr=spider&for=pc.

这一次联名是完美日记的成功破圈，快速吸引了大量目标受众群体的关注和热度，可谓知名度和销量双丰收！

（2）高性价比：低价本质上也是一种产品策略，完美日记在保证品质的同时给出了平易近人的价格，降低了消费者的购买门槛，提升了粉丝的销售转化率。通过供应链布局和生产流程优化，完美日记能够在保证产品质量的前提下，提供具有市场竞争力的价格，及时锁定并转化了消费者的购买欲望。

2. 产品策略

在产品策略上，完美日记在产品设计、生产、研发、定价、营销等方面都围绕目标市场需求和消费者反馈，进行全面把控，从而赢得市场。

（1）在产品设计生产上，完美日记重点着力于洞察年轻消费群体对于创新、个性化的需求，注重产品创新，通过敏捷的研发和生产机制，持续推出新款和限定款，让消费者保持对于品牌的好奇心，也保持了品牌的新鲜活力。

（2）在产品研发上，基于市场反馈，持续迭代创新，保证产品迎合市场需求，并擅长借助主题进行产品创新，例如与大英博物馆、Discovery 等知名IP 合作，推出系列联名产品，既提升了产品隐性的附加价值，也吸引了大量粉丝关注和买单。

（3）在产品生产上，完美日记重视目标受众的需求，致力于差异化和个性化。

（4）在产品定价层面，始终保持平价策略，主打保持核心竞争优势，让大家都买得起！

（5）在产品营销层面，多样化创新推广，结合全渠道布局，针对目标受众做精准营销，并借助大数据推送和人工智能，对消费者行为进行精准分析，定制个性化营销策略。比如，通过微信小程序和公众号推送定制化的产品推荐和优惠信息，提升用户黏性和转化率。

3. 全渠道布局

完美日记的目标受众集中于"90 后""95 后"，甚至是"00 后"，这部分用户将社交媒体上活跃达人的观点、建议、评价作为重要的信息获取通道。以我为例，我想要购买一个眼影盘，会去小红书检索眼影盘相关的达人种草视频，从里面可以了解商品信息及评论区对于商品的评价，因此我会产生判断，并根据这些检索到的产品信息和评论区评价综合判断，最后成功"种草"，选择商品。

完美日记通过对于目标用户的精准定位，以及对用户消费习惯的深入洞察，在渠道布局上采取全渠道策略，覆盖线上线下多个渠道，并重点深入挖掘小红书、B 站、抖音等媒体平台，进行内容分发和达人营销，通过精准营销实现广泛触达和高效转化。

（1）线上渠道：完美日记一方面主要依托电商平台如天猫、京东等进行销售，另一方面在社交媒体平台如小红书、B站、抖音、微信公众号等进行内容营销，重视与粉丝真实互动的多元化，进行品牌宣传。KOL合作、直播电商带货等方式，都帮助完美日记获得了用户关注量、品牌曝光度及商品销量。

（2）线下渠道：在巩固线上市场的同时，完美日记积极布局线下渠道，在各大商圈开设线下品牌体验门店和快闪门店，为消费者提供产品试用和互动体验，增强消费者对品牌的认知度和信任度。

4. 品牌推广与口碑建设

完美日记通过多样化的品牌推广策略，成功建立了良好的品牌口碑提升了消费者信任度。

（1）社交媒体营销：完美日记非常重视社交媒体的力量，通过在微博、微信、小红书、抖音等平台进行内容营销和互动，提升品牌知名度和美誉度。例如，通过KOL和明星代言，进行产品试用和分享，吸引粉丝关注和购买。

（2）用户口碑传播：注重用户体验和口碑建设，通过高品质的产品和极致的服务，赢得消费者的信任，并带来口碑传播。比如，完善的售后服务体系和用户反馈机制，无形之中提高了消费者对品牌的信任度。

5. 品牌价值观与社会责任

完美日记注重品牌文化建设和社会责任履行，通过多种途径传递品牌价值观和社会责任感，赢得消费者的认可和支持。

（1）品牌文化：通过举办各类文化活动和公益项目，传递品牌的价值观和社会责任感。例如，与艺术家合作举办文化展览，提升品牌文化内涵和影响力。

（2）社会责任：积极参与社会公益活动，如环保项目、慈善捐赠等，展示品牌的社会责任感，增强消费者的认同感和品牌忠诚度。

通过以上分析可以看出，完美日记重点围绕目标用户的核心需求，在品牌定位、产品策略、渠道布局、营销手段、品牌推广、社会责任等多个方面，全方位打造出差异化的竞争优势，成功将自己打造成知名国货美妆品牌。

3.4 策划执行一场有影响力的拉新活动

3.4.1 一场完整拉新活动从策划到复盘的SOP

策划并执行一场有影响力的拉新活动，需要系统化和标准化的流程，从前期的立项策划到执行落地，再到后期的复盘迭代，把控好每个环节对于达成拉新活动的目标有至关重要的作用。以下是一场完整的拉新活动的标准化操作流程（SOP）。

1. 立项策划

（1）目标设定：明确活动背景和目标，如新增用户数量、付费会员规模等，完成项目立项。活动目标需要遵循 SMART 原则，要具体、可衡量、可实现、有相关性，并有时间限制。

（2）市场分析：分析潜在目标受众群体，比如付费用户特征，找到目标用户的动机和动力，制订有针对性的活动策略。

（3）预算制订：根据活动规模和预期效果目标，制订详细的预算方案，包括拉新促活费用、推广费用、奖品费用、广告预算等。

（4）活动方案：明确活动主题和利益点，比如邀新送实物、拉新返现等，并基于主题和利益点策划富有创意的活动形式，如互动游戏、奖励积分、抽奖、邀新有礼等，吸引潜在目标受众积极参与，进而达到活动目标。

例如

1. 方案简述

活动时间：5 月 7—10 日，共计 4 天。

活动目标：B 级目标：5W，日均新增 1.25W；A 级目标：8W，日均新增 2W；S 级目标：10W，日均新增 2.5W

活动主题：【母亲节献礼】100 元感恩基金助你邀约

活动利益点：

（1）新会员：0 元升级会员，立返 100 元，即升级会员立得 2 张 50 元满减券

（2）老会员：加重奖励

奖励1为每邀请1名新会员，奖励100元感恩基金（内含1张10元无门槛券，2张满50减20满减券，1张满150减50满减券，其中券的有效使用期为7个自然日）；奖励2为每日直邀排行榜奖励，每日直邀TOP30的老会员奖励不等额现金，其中TOP1可得1万元现金，活动最高可得4万元。

2. 活动准备

（1）内容制作：制作围绕"母亲节献礼"主题活动的高质量活动宣传内容，包括海报、视频、文章等，这些宣传内容的主要目的为传递活动信息，扩大用户参与规模。

（2）渠道选择：选择合适的推广渠道和形式，将制作好的活动内容通过这些通道宣发出去，常见的有：社交媒体、广告平台、KOL合作、社群等，确保活动信息能够广泛传播。

（3）活动上线：确保"母亲节献礼"主题活动页面按时上线，用户可以正常参与。

（4）团队分工：明确拉新活动执行团队分工和职责，提高执行效率，分工可以参考活动策划、内容运营、用户运营等岗位职能。

3. 活动执行

（1）推广实施：按照预定的推广计划，明确活动整体节奏，并通过不同渠道按节奏有条理地发布活动信息，吸引目标受众参与。

（2）互动引导：通过互动环节，如点赞、评论、分享转发等，增加老会员参与度和互动量，进一步扩大活动影响力。

（3）问题处理：实时监测活动进展，及时处理突发问题，确保活动顺利进行。

4. 数据监测

（1）数据收集：利用数据监测工具，实时关注活动数据，包括流量、新会员增长数据、老会员分享数量、产生邀请行为的会员数等。

（2）效果评估：根据数据分析活动效果，评估目标达成情况，发现不足之处和改进点。

5. 复盘迭代

（1）总结报告：撰写详细的活动总结报告，分析活动的优点和不足，提炼成功经验和教训，从活动利益点设计到内容宣发，从活动人员分工到活动进展推进等，都值得去分析总结。

（2）改进优化：根据复盘结果，提出改进建议和优化方案，为下次活动提供参考。

（3）分享交流：组织团队内部分享会，交流复盘结果，促进团队经验积累和提升。

3.4.2 如何借助数据进行效果监测以提升影响力

在拉新活动中，数据监测是评估效果和优化策略的重要手段。通过科学的数据分析，企业可以准确了解活动效果，及时调整策略，提升活动影响力。

1. 数据指标的设定

（1）基础数据：如流量、点击率、展示次数等，反映活动的基本曝光情况。

（2）行为数据：如页面停留时间、浏览深度、互动次数等，反映用户的活动参与度。

（3）转化数据：如注册量、购买量、转化率等，直接反映活动的拉新效果。

（4）反馈数据：如用户评价、满意度调查等，反映用户对活动的认可度和满意度。

2. 数据分析方法

（1）趋势分析：通过对比不同时期的数据变化，分析活动效果的变化趋势，发现潜在问题和优化点。

（2）细分分析：根据用户的不同特征（如地域、年龄、兴趣等）进行细分分析，了解不同用户群体的行为和需求。

（3）路径分析：分析用户从进入活动页面到最终转化的路径，发现用户流失的关键节点，优化转化路径。

（4）A/B测试：通过A/B测试，不同版本的活动页面或内容，分析哪种版本的效果更好，为优化提供依据。

3. 数据驱动的优化策略

（1）实时调整：根据实时监测的数据，及时调整活动策略，如优化广告投放、调整互动方式等，提升活动效果。

（2）用户反馈：重视用户的反馈和评价，及时改进活动中的不足之处，提高用户满意度和参与度。

（3）优化内容：根据数据分析结果，优化活动内容和形式，如改进活动页面设计、增加互动环节等，提高用户的参与度和转化率。

（4）长尾效应：通过数据分析，发现潜在的长尾用户群体，制订有针对性的营销策略，挖掘更多潜在用户。

3.4.3　案例分析：拆解一场3天增长近20万名付费会员的拉新活动

为了更好地理解拉新活动从立项策划到落地执行的要点，接下来将通过一个具体案例，分析一场成功的拉新活动如何在短短3天内增长近20万名付费会员。

案例背景：希望通过一次短期拉新活动，快速增加付费会员数量。

付费会员拉新活动基本遵循以下4个阶段的流程SOP。

1. 活动策划

（1）目标设定：明确活动目标为3天内新增6万～12万名付费会员。

（2）预算制订：根据预期效果，拟定详细的推广预算，核心包含活动奖励、线下展会成本等。

（3）活动创意：策划主题为"付费会员拉新活动"。

2. 活动准备

（1）渠道选择：选择社交媒体平台、社群作为主要推广渠道。

（2）内容制作：制作高质量的宣传视频、海报和文案，传递活动信息和吸引力。

（3）技术支持：上线活动专题页面，设置数据监测工具。

（4）团队分工：明确活动策划、内容运营、推广执行等各环节的负责人。

3. 活动执行

（1）推广实施：按照预定计划，通过各渠道发布活动信息，利用KOC

和直播增加曝光度。

（2）互动引导：通过社交互动、点赞分享等方式，增加用户参与度和活动热度。

（3）问题处理：实时关注活动进展，及时处理用户反馈，确保活动顺利进行。

4. 数据监测

（1）数据收集：实时关注活动数据变化，包括流量、点击率、转化率等。

（2）效果评估：根据数据分析活动效果，评估目标达成情况，及时调整策略，提升达成效果。

接下来是付费会员拉新活动的情况和复盘。

1. 活动基本情况

活动时间

- 活动宣发时间：8 月 30 日（活动宣导 + 新品宣导）。
- 预热期：9 月 1—3 日（邀好友点赞领购物基金）。
- 正式期：9 月 4—6 日（100 元购物基金助力邀约）。

活动目标

- B 级目标：6W；A 级目标：10W；S 级目标：12W。

核心利益点

- 预热期（9 月 1—3 日）。

（1）老会员：100 积分 + 邀请好友点赞，领 100 元购物基金 + 开启幸运宝箱。

（2）高阶会员：云端计划报名，冲榜赢十万元大奖。

- 正式期（9 月 4—6 日）

（1）新会员：升级会员立得 100 元购物基金。

（2）老会员：100 现金 + 邀约立得 100 元购物基金 + 高阶会员阶梯奖，最高 10 万元。

2. 指标完成情况

- 本次会员拉新活动新增会员总数为 186 482，S 级目标（12W）完成率 155.40%，具体数据见表 3-1 会员拉新活动完成情况。

表3-1 会员拉新活动完成情况

活动时间	实际完成 （人）	S级目标 （人）	完成度 （%）	使用券会员数 （人）	使用券占比 （%）
9月4日	62 743	42 000	149.39	61 096	97.38
9月5日	44 112	30 000	147.04	42 715	96.83
9月6日	79 627	48 000	165.89	77 519	97.35
总计	186 482	120 000	155.40	181 427	97.24

3. 核心结论

做得好可沉淀的点

● 预热期点赞玩法

（1）有节奏的宣导造势：利于预热期爆发，和活动期爆发原理一样（提前公告、宣传内容发布、公告、红包造势、KOC视频造势等一系列动作造势）。

（2）流量漏斗数据预判：根据目标倒推预判整个项目在预热期需要触达的流量规模，才能达到预期。

（3）用户高度覆盖并蓄势邀新：预热期的点赞活动充分吸引了大盘会员和粉丝的关注，并在活动期成功撬动了普通会员及0邀约会员参与，做到高度覆盖各类型用户参与，留足时间让更多的普通会员（倾向发给粉丝点赞）提前找潜在目标用户，让头部会员提前去造势传播活动（倾向发给会员点赞）。

（4）拉新不活跃用户回归邀约：39%的点赞用户在活动前7天未登录App。

● 正式期邀约活动

（1）邀请奖券上不封顶：本次活动由于全量开放100元购物基金，对大盘会员的邀约成功率、邀约参与率、邀约动力提升显著，不管是对比日常或历次活动，促进作用明显。老会员邀请新会员，新会员转券邀请新会员，持续获券的同时带动活动全面爆发。（其中，13.9%的新会员由会员间转赠券转化）

（2）利益点吸引力足够大：用户主要受活动利益点吸引，提升了参与动力，包括但不限于补贴门槛较低、会员奖励噱头大、福利覆盖人群范围广泛等关键因素的影响。

（3）新会员邀约：针对新会员的发券策略能够有效加速新会员突破0邀约，并且邀约获券不设上限，进一步引导新会员进行持续邀约，因此，本次活动新增会员的邀约表现亮眼，人均邀约数达3.7人。

（4）高阶会员阶梯奖励：此部分成本预估为78万元，相比前一期同类型补贴活动带来的额外会员增量约达2.5万，人均成本为30元；考核获奖会员的直邀和裂变能力，该奖励设置有效带动大盘会员增长，并可通过数据分析优化成本结构。

因本次会员多集中于奖励层级的门槛处，可通过层级细分和增加阶梯进一步节约成本。

- 线下活动渗透

（1）购物基金活动传播：通过到场会员传播活动集赞动作，将活动利益点渗透于每处物料中进行广泛传播，6月1—3日线下活动，预计总覆盖1万人以上，传播图文、视频素材内容至社群私域及社交媒体平台上。

（2）用户UGC素材丰富：制作传播量较广的素材若干，让会员近距离接触早期主推爆款会员活动商品，储存用户使用商品的实拍视频或图片，为6月初活动预热期打下了坚实基础，为爆款会员活动商品扩大影响力及提高用户购买力也奠定了稳定的基础。

（3）线下活动协同执行：本次线下活动的物料丰富，极好地配合了用户在线下活动体验的需求。从给用户提供拍照到设置活动游戏增加趣味性，提升了用户参与度和活动传播度。

- 商品策略

（1）围绕活动利益点和节奏进行商品排期，安排爆款商品带动活动节奏。以活动正式期首日为例，当日爆款商品前1 000件赠送料理五件套，30秒即售出1 000件，成功带动第一天卖货势能。

（2）爆款商品素材传播。平台聚焦超级爆款商品内容，借助KOC进行深度广泛传播，并通过持续触达、以销带赠营造疯抢氛围，通过节奏性返场带动活动势能，营造返场爆品的稀缺感，使整体重心回归会员邀请，最后 4 小时新增会员 3.75 万人。

● 内容策略

（1）生产制作素材：官方输出数百条优质内容，产生了近百条转发过万的素材，KOC 累计生产数千条内容素材，含图片、视频、文案等。

（2）搭建素材体系：不同类型素材内容形成素材体系，满足不同场景下的会员拉新需求，充分服务于本次会员拉新活动。

待优化的部分

● 预热期

需承接预热流量转化为交易 & 回流到 DAU：预热期点赞引入百万流量，对 App 的日活无明显拉动，后期可在任务下面的内容区针对用户类型承接符合用户需求的拉新活动商品，提升流量的利用率。

● 正式期

（1）须关注提升新会员质量：新会员 7 日开单率下降 6.9%（63.7% → 59.3%），7 日邀粉率下降 33%（34.5% → 23.0%）；后期对活动带来的会员进行特别承接（发券、升级会员后开单和邀约权益）。

（2）活动筹备环节待优化：没有极致利用卖货蓄能，开发时间少，预热期页面延迟，线下物料准备时间不足（部分物料因工期无法实施）。

后续迭代思考

（1）平衡：老会员邀约意愿、潜在目标粉丝升级会员门槛、新会员升级会员后质量三者之间要相互平衡，相辅相成，形成闭环与承接。

（2）蓄势：根据活动等级，研究更多的触达意向邀约人群的预热玩法。

3.5 揭秘主流新媒体平台投放的吸粉策略

3.5.1 主流图文媒体模式对比和吸粉策略

以公众号、今日头条、新浪微博、搜狐等为代表的主流图文媒体模式对比和吸粉策略具体可参考表 3-2 主流图文媒体模式和吸粉策略。

表3-2　主流图文媒体模式和吸粉策略

媒体	定位	模式	商业化赢利	吸粉策略	优质达人代表
公众号	专业内容发布平台，依托微信生态	订阅号和服务号，推送图文、音频、视频内容	广告投放、内容付费、电商导流	优质原创内容、社交分享、活动互动	十点读书、网文视界等，以深度内容和高互动性吸引粉丝
今日头条	个性化资讯推荐平台	基于用户兴趣的算法推荐	信息流广告、内容付费、直播打赏	精准推荐、丰富内容、互动活动	温铁军、人民交通等，以专业分析和热点话题吸引大量用户
新浪微博	综合资讯门户网站	新闻、视频、博客等多种形式的内容发布	广告、付费阅读、品牌合作	时效性新闻、独家内容、跨平台推广	张朝阳的物证课、星空下的对话等，以其独特视角和原创内容积累大量粉丝
搜狐	社交媒体和信息发布平台	短内容（微博）发布、实时互动	广告、粉丝头条、付费会员、直播打赏	热点话题、明星效应、话题互动、粉丝运营	薛××、姚×等，以强大的粉丝基础和高互动性吸引用户

3.5.2　主流短视频平台模式对比和吸粉策略

下面以抖音、快手、视频号、小红书等为代表的主流短视频平台进行模式和吸粉策略对比，具体参考表3-3。

表3-3　主流短视频平台模式和吸粉策略

媒体	定位	模式分析	商业化赢利	吸粉策略	优质达人代表
抖音	年轻化、潮流、音乐驱动的记录美好生活的短视频	以算法推荐为主，用户通过挑战、特效等互动功能或者参与活动话题参与内容创作	广告、直播打赏、电商带货、品牌合作等	独特的内容创意，利用热门话题和挑战吸粉	如李子柒、房琪等，以其高质内容的创意和个性化吸引大量粉丝
快手	草根、真实、生活化的短视频社区	去中心化推荐，鼓励草根用户创作，注重社区文化和互动	直播打赏、电商带货、广告等	贴近生活、真实感人故事，利用本地化内容吸引特定区域用户	如散打哥、辛有志等，以接地气的内容和真诚互动积累大量粉丝

续表

媒体	定　位	模 式 分 析	商业化赢利	吸 粉 策 略	优质达人代表
视频号	微信生态内的内容分享平台，强调社交关系链	依托微信社交网络，通过朋友圈、微信群等分享传播	内容付费、直播打赏、广告主商单合作、电商带货等	利用微信生态的优势，通过社群营销和社交分享吸引用户	如秋叶大叔、李蠕蠕等优质公众号运营者迁移，以其原有粉丝基础和影响力吸引新用户
小红书	生活方式分享社区，注重品质生活和消费指南	图片+短视频结合，强调内容的质量和审美	内容营销、品牌合作、电商带货等	精致的内容呈现，聚焦特定领域，如美妆、时尚等，打造专业形象	如美妆博主、时尚达人等，以其专业知识和生活态度吸引特定兴趣人群

运营

有效用户管理的方法论

第 4 章

4.1 用户分层，你做到了几层？

4.1.1 借助积分工具进行用户分层

积分系统是常见的用户分层工具，用户主要通过完成任务获取积分，并通过积分累积和兑换机制，定期在兑换专区将积分兑换成福利专区内的活动商品、现金红包等。合理的积分体系可以通过设置合理任务，引导用户完成有效的一系列行为，达成不同的目标，并基于积分分值分布，进行用户分层；另外，通过合理的积分累积方式和具有吸引力的兑换福利专区奖励，提升用户的参与动力和活动参与动机。

以下是使用积分工具进行用户分层的步骤。

第一步，设计积分规则：首先需要设计一套合理的积分规则，包括积分的获取方式（如购买产品、参与活动、分享评价等），积分的累积和清零规则，积分兑换的奖品或服务等。

第二步，积分累积：用户通过各种互动行为累积积分，这些行为可以是购买行为、参与活动、社交分享等。积分累积的过程也是用户参与度和忠诚度提升的过程。

第三步，积分分层：根据用户积分的多少，可以将用户分为不同的层级，如普通会员、白银会员、黄金会员、钻石会员等。不同层级的用户可以享受不同的权益和服务，如折扣、专属活动、优先购买权等。

第四步，积分兑换：通过积分激励机制，鼓励用户向更高层级升级。例如，提供积分翻倍活动、达到一定积分后兑换积分商城商品、解锁指定权益等。

第五步，数据分析：定期分析积分数据，了解用户的行为模式和偏好，优化积分规则和用户分层策略，提高用户满意度和忠诚度。

通过积分工具进行用户分层，用户运营可以帮助企业更有效地管理用户，提升用户体验和品牌忠诚度。

除了上述积分工具，RFM模型也是常见的用户分层工具。

RFM模型是衡量客户价值和客户创造利益能力的重要工具和手段，可以帮助中小微企业基于用户交易行为和活跃行为进行精细化分层，辅助与业务输出匹配的策略。

有一条营销哲学："与顾客建立长期的关系不仅是卖东西，而是让顾客持续保持往来，并赢得他们的忠诚度。"RFM模型能帮助中小微企业更好地了解不同层级用户的特征和需求，并为其提供更好的用户体验，从而带来持续有效的用户消费决策。

根据美国数据库营销研究所Arthur Hughes的研究，客户数据库中有3个神奇的要素，这3个要素构成了数据分析最好的指标。

（1）最近一次消费（Recency）。用户运营需要密切关注用户购买行为，比如最近一天下单的用户要比一年前下单的用户容易转化得多！

（2）消费频率（Frequency）。消费频率是用户在限定的期间内购买的次数。

（3）消费金额（Monetary）。消费金额可以代表用户交易价值。

用户运营可以充分借助RFM模型完成用户分层和高净值用户筛选，并采取不同类型策略。表4-1正是基于RFM模型的3个指标维度，并结合对应的两种行为得出的分层结果，对用户价值高低进行判断。从图4-1可以清晰看到不同类型用户的分布情况。

表4-1　RFM模型下用户分层类型

用户分类	新用户状态	交易状态	交易金额	用户分层类型	用户量级（模拟）	对应用户策略
近30天内新用户	未下单	未完成首单	—	近期新注册	73 233	给利益点促首单
	已下单（新客）	完成首单	低/高	近期新客	32 584	引导用户完成2、3单复购、引导访问
老用户	交易日期	交易次数	交易金额			
	近	高	高	高价值用户	844 879	重点对象，高客单价频道可承接，升级VIP会员
	近	高	低	较高价值用户	1 091 600	通过多场景引导提升用户下单频次
	近	低	高	重点发展用户	490 120	高客单价频道运营，配套满减券包

续表

用户分类	新用户状态	交易状态	交易金额	用户分层类型	用户量级（模拟）	对应用户策略
	近	低	低	一般发展用户	1 774 518	通过站内资源触达
老用户	远	高	高	重点保持用户	190 812	通过消息触达引导，配套小额券包
	远	高	低	一般保持用户	1 008 443	通过消息触达引导
	远	低	高	重点挽留用户	79 129	通过消息触达引导，配套满减券包
	远	低	低	潜在用户	3 952 830	不是重点
30天以外注册且从未下单用户	近30日活跃天数	近7日用户访问商品数				
	5天以上	5个以上	—			重点运营对象，站内也可运营
	5天以上	[1,4]个	—			
	5天以上	0个	—			
	[1,4]天	3个以上	—			重点运营对象，站内也可运营
	[1,4]天	[1,2]个	—			
	[1,4]天	0个	—			
	0天	0个	—	流失用户		可放弃

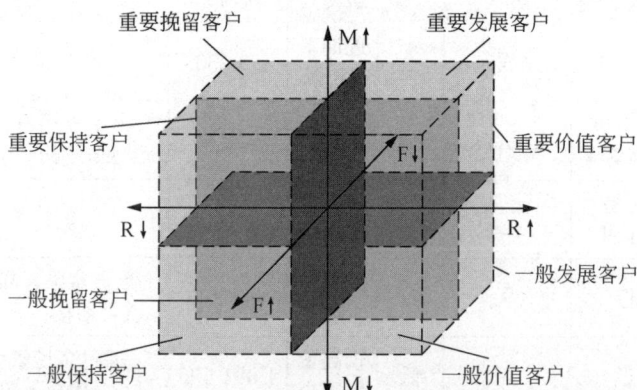

图4-1　RFM模型下的用户分层类型

图片来源：RFM模型百度百科，https://baike.baidu.com/item/RFM%E6%A8%A1%E5%9E%8B/7070365?fr=ge_ala.

那应该如何应用 RFM 模型呢？用户运营可对于上述表格中不同用户分类确定激励策略。

（1）基于已有的数据表格分层，明确不同的用户类型并完成二次分层。

（2）根据分层的维度，明确重要发展、重要价值、重要保持等重点运营对象，总结消费行为特征并深入调研用户需求。

（3）针对不同分层区间的目标用户，设置匹配的激励策略，对于目标区间用户，进行差异化激励触达和开启。

4.1.2 通过属性标签进行用户分群打标

属性标签是用户分群打标的方法，它的核心是通过聚合分析用户的属性信息，给用户打上不同的标签，通过标签实现用户分群。以下是用属性标签做用户分群的详细步骤。

第一步，数据收集处理。收集处理用户的静态属性（如年龄、性别、地域、职业等）和动态属性（如购买行为、浏览记录、社交互动等），确保数据的准确性和完整性。

第二步，标签体系设计。用户运营可结合业务需求，搭建用户标签体系。标签类型可以分为基本标签（如性别、年龄段、地域、职业等），行为标签（如活跃度、购买频次、浏览偏好等），价值标签（如客户价值、忠诚度、潜在价值等）。

第三步，标签分类和用户分群。结合用户行为数据和标签体系分类为每个用户打上匹配的标签，初步进行用户分群。例如，根据用户的购买行为和购买金额为用户打上"高价值用户"或"低价值用户"标签；根据用户的活跃度为用户打上"高活跃用户"或"低活跃用户"标签。基于不同用户的行为特征和需求，辅助完成用户分群的动作。比如，可以将用户分为"一二线城市年轻女性高活跃高价值用户""四五线小镇中年男性低活跃潜在价值用户"等。

第四步，个性化营销。针对不同的用户群体，制订差异化营销策略和服务内容。例如，向"高价值用户"推送高端产品和 VIP 服务，向"低活跃用户"推送激励活动和优惠信息，向"潜在价值用户"提供专属服务和体验活动。

第五步，持续优化。基于数据表现情况分析，综合评估标签分群策略的效果，优化分群划分情况，及时优化标签体系和对应的营销策略，优化用户体验。

通过属性标签对用户进行分群打标，能帮助企业更精准地了解用户需求，实现个性化服务和精准营销，提升用户体验和业务效果。

4.1.3　案例分析：微信朋友圈内容仅对"标签"好友可见

微信朋友圈的"标签"功能是用户分群管理的典型应用案例。以下将详细拆解这一功能的实现效果。

案例背景：微信作为一款用户众多的社交软件，朋友圈功能是用户分享生活动态、用户互动的重要渠道。但随着微信好友的数量增加，除了熟悉的亲朋好友，也拓展了不同类型关系的好友，包括但不限于同事、客户、学生及其家长等，因此"标签"功能的存在和应用恰好满足了微信用户根据不同类型好友进行内容差异化分发展示，并做好信息区隔和隐私保护的需求。

1. 标签功能设计

标签创建：微信用户可以在朋友圈功能创建差异化的好友标签，进行用户分群管理，比如"家人""高中同学""网球爱好者""重要客户"等。

标签管理：微信用户可以将好友归纳并打上相应的标签，一个好友可以同时覆盖多个不同的标签。比如，我的好友青青有不同的角色，那么可以同时打上多个标签，如"手风琴俱乐部""小学同学""大学室友"等。即同一个好友可以打上不同标签，并同时被多个标签覆盖。

可见范围设置：在发布朋友圈内容时，微信用户可以选择仅对某些标签的好友可见或者不可见。比如，小红作为一个爱好旅游的内容达人，平时喜欢分享动态给她的旅游圈子的朋友们，但这些状态不适合分享给客户，因此这条内容就可以专门设置"旅行圈"可见，或者直接设置"客户"不可见。这就是一个非常典型的日常场景，充分说明了标签对于分群的价值。

2. 精准内容分发

精准内容分发：微信用户可以根据不同的好友类型分类，分享并发布差异化的图文视频内容给不同标签的用户，保护用户隐私的同时提升了内容的匹配度和良好的互动性。

隐私保护：保护隐私在私域应用场景中尤为重要，标签功能的上线和持续完善，最大限度地满足了微信用户并保护了其权益，避免朋友圈分享的内容触达不想分享的微信好友。

3. 用户体验

用户功能优化：根据用户反馈和数据分析，从定量和定性两个层面持续优化标签的功能，比如提升标签创建和管理使用便捷性等。

用户体验优化：微信从推出到现在已经持续迭代了多个版本，持续优化标签功能和交互页面极大提升了功能的易用性，保障了用户流畅使用，提升了用户体验和好感度。

4. 产品价值

用户活跃度提升：通过标签功能，满足了用户保护因素和分用户分享推送状态的核心需求，这让朋友圈状态的发布频次和好友互动率都有所提升，同时也提升了用户活跃度。

从微信朋友圈"标签"的功能案例，可以看出"标签"对于用户分群的有效性，以及用户分群管理在社交软件中的重要价值。通过合理的标签体系和分群策略，中小微企业对微信账号也可以进行客户管理运营，实现精准内容分发和个性化服务，带来更多潜在交易价值。

4.2 用户数据管理，数据驱动你更懂用户

4.2.1 记录所需用户数据

在私域流量的运营中，对用户数据的精准记录和分析是至关重要的。通过全面收集和管理用户数据，可以深入了解用户的需求、行为和偏好，从而制订更为精准和有效的营销策略。以下是需要记录的用户数据分类及其具体内容。

1. 基本信息

用户标识：每个用户的唯一标识符，可以是手机号、邮箱或其他特定标识信息。

姓名和性别：了解用户的基本身份信息，有助于个性化互动，参见图4-2。

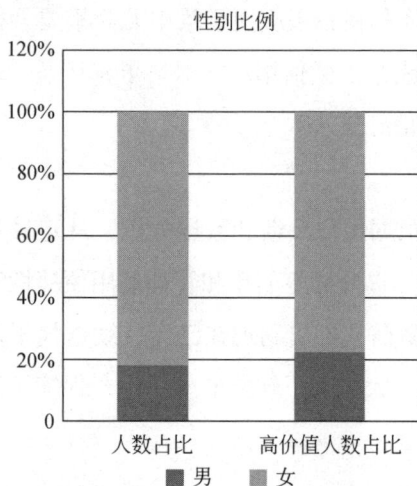

图4-2　性别比例示意图

年龄：通过年龄段的划分，了解受众的主要年龄群体，便于策划针对性的内容和活动，参见图4-3。

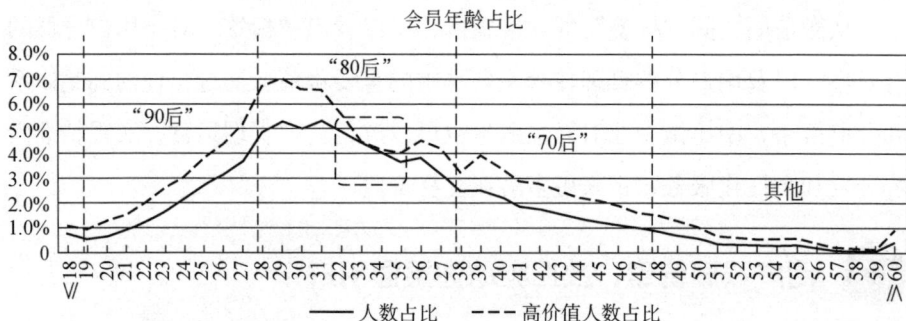

备注：用户年龄性别数据仅获取到了5%左右，年龄性别特征仅供参考。

图4-3　会员年龄分布示意图

地区：用户的地理位置，帮助进行本地化营销和服务。以表4-2某博主粉丝数TOP5省份排名表为例，该博主根据高价值粉丝省份分布情况优先选择广东、江苏等省为线下粉丝活动营销活动举办地。

表4-2 某博主粉丝数TOP5省份排名表

粉丝数TOP5省份排名表				
排名	省份	人数占比（%）	高价值用户省份	高价值人数占比（%）
1	广东省	14.50	广东省	12.50
2	江苏省	12.10	江苏省	11.10
3	浙江省	9.10	安徽省	9.20
4	山东省	8.20	湖北省	7.80
5	四川省	5.80	浙江省	7.00

2. 行为数据

浏览历史：记录用户的浏览行为，包括观看过的内容、点赞、评论和分享记录，以判断用户的兴趣点。

活跃特征：活跃时段、近期活跃特征、进行复购行为特征，参见图4-4。

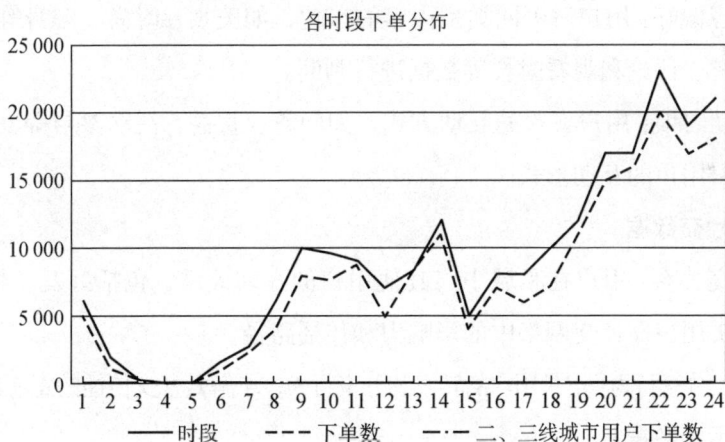

图4-4 用户各时段下单示意图

互动频次：用户在社群中的活跃程度，包括参与活动、发布内容、回复消息等，评估用户的黏性和参与度。

交易记录：购买记录和消费金额，帮助了解用户的购买力和偏好，为精准推荐和服务提供依据。

3. 偏好数据

消费偏好：消费品牌偏好、品类偏好、价格段偏好、活跃时间段偏好等，参见图 4-5。

品牌等级支付金额分布

—— 支付金额占比　　---- 高价值支付金额占比

A类品牌

10.20%

12.50%

D类品牌　28%　17%　20.20%　35.50%　B类品牌

26%

50%

C类品牌

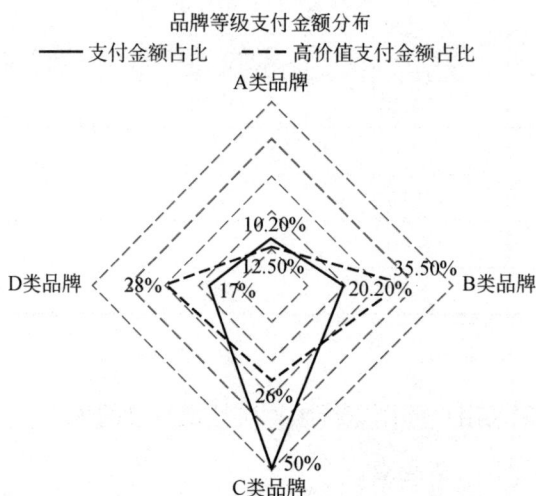

图4-5　用户品牌偏好支持分布示意图

内容偏好：用户对不同类型内容的兴趣，如美妆、时尚、健身等，通过分析点赞、评论和观看时长等数据进行判断。

互动习惯：用户喜欢的互动方式，如问答、直播、活动参与等，便于策划更吸引用户的互动形式。

4. 社交数据

社交关系：用户在私域中与其他用户的互动关系，包括好友、粉丝等，帮助分析用户在社交网络中的影响力和传播路径。

转发分享行为：记录用户的转发和分享行为，了解其社交传播的意愿和效果。

5. 反馈数据

满意度调查：通过定期的满意度调查和反馈收集，了解用户的意见和建议，持续优化服务和产品。

投诉和建议：记录用户的投诉和建议，及时处理用户问题，提升用户体验。

通过全面、系统地记录和管理上述用户数据，企业能够更深入地了解用户的需求和行为趋势，从而制订高匹配度的营销策略，提高用户的满意度和品牌忠诚度，最终实现更高的转化率和销售额。

4.2.2　如何辨别伪需求？数据就是最好的方式

在产品设计和市场营销过程中，辨别伪需求至关重要。伪需求是指那些表面上看似是用户需求，但实际上并不是用户真正需要的需求。通过数据分析和验证，企业可以有效辨别和筛除伪需求，聚焦于真正的用户需求。以下是如何通过数据辨别伪需求的详细方法。

1. 用户行为数据分析

伪需求往往是用户口头上表达的需求，但并未在实际行为中表现出来。通过分析用户的实际行为数据，可以判断需求是不是真实存在。例如：

点击行为：如果用户在调研中表示对某个新功能有强烈需求，但在实际应用中点击率低，则这个需求可能是伪需求。

使用频次：如果用户表示常用某个功能，但数据显示使用频次非常低，这个需求也可能是伪需求。

2. 用户画像和分群

通过构建用户画像和分群，结合数据情况，了解不同用户群体的真实需求。例如：

用户分类：将用户按照行为和偏好进行分类，分析其需求特征。

需求匹配：对比不同用户群体的需求，判断哪些需求是普遍存在的，哪些是特定群体的伪需求。

机会点判断：基于用户画像对用户的描述结果，可以找到用户层面的增长机会点，可通过以下例子进行理解。

（1）四、五线城市、西北东北区域会员人数占比低，潜在市场是否大，可以考虑社群如何触达渗透。

（2）用户分布在"80后""90后"，高价值用户年龄层相对更高，选品及营销活动可考虑适当的年龄段倾向性。

（3）9点段、12点段、22点段是下单高峰期，高价值用户更爱在22点段下单，可针对用户的访问活跃时段与下单活跃时段进行分时段运营。

（4）用户复购具有不同的周期性，可在各个周期进行复购引导及流失预警。

（5）选品环节可以参考不同价值用户在类目、品牌、价格段等方面的偏好分布。

（6）拉新环节可以参考用户首单的类目及品牌、价格段等方面的偏好分布。

（7）券对一般用户起到拉新作用，对买家价值提升也有促进作用，可以参考不同价值用户对券的偏好。

3. A/B 测试

A/B 测试是一种有效的验证需求的方法。通过对比两个或多个版本的表现，可以判断某个需求是否对用户有实际影响。例如：

功能测试：推出带有新功能和不带有新功能的两个版本，比较其用户留存率、活跃度等指标。如果新功能并未显著提升这些指标，可能是伪需求。

营销文案测试：在营销活动中，使用不同的文案或促销策略，比较用户的点击率和转化率。如果某种策略并未引起用户的关注和互动，则可能不是用户的真实需求。

4. 需求反馈循环

建立一个用户需求反馈循环，通过持续收集用户反馈和数据，验证和更新需求。例如：

用户反馈机制：通过在线调研、用户访谈、进线咨询记录等途径，收集用户对新功能和产品的反馈。

快速迭代：根据用户反馈和数据分析结果，快速迭代产品，验证需求的真实性。

闭环管理：跟踪需求从提出、验证到实现的全过程，确保每个需求都经过数据验证和用户反馈的检验。

5. 数据驱动决策

通过数据驱动的决策，确保每个需求都是经过充分数据验证的。例如：

数据洞察：建立数据仪表盘，实时关注产品和市场的关键指标，判断需求的真实表现，以便及时进行策略调整。

数据判断：在产品和市场决策中，优先考虑数据支持的需求，基于数据进行决策判断，减少主观判断和伪需求的干扰。

数据验证：对于业务决策点进行数据结果验证，反推数据对于策略的有效判断情况。

通过上述方法，企业可以有效利用数据辨别和筛除伪需求，聚焦于真正能够提升用户体验和业务效果的真实需求。

4.3 管理普通用户，激发购买欲望

4.3.1 培养普通用户付费意识并激发购买欲望

在现代商业环境中，如何有效地管理普通用户并激发其购买欲望，是提升企业赢利能力的重要策略。培养普通用户的付费意识是企业提升收入的重要手段。以下是详细的方法和步骤。

第一步，免费体验与限时优惠。

提供免费体验或限时优惠，可以有效吸引普通用户尝试付费服务或产品，从而培养他们的付费意识。

免费试用：为新用户提供一定期限的免费试用服务，让他们在限定时期内体验产品或服务的价值。通过试用期结束时的优惠价格促使用户转为付费用户。

限时折扣：定期推出限时折扣活动，吸引普通用户抓住机会购买。这不仅能提高销售量，还能培养用户的购买习惯。

第二步，增值服务和差异化体验。

提供增值服务和差异化体验，使普通用户感受到付费带来的额外价值，满足其情绪价值，从而激发其付费意愿。

高级功能：为付费用户提供独特的高级功能或服务，如更快的响应时间、定制化内容等，让普通用户感受到付费的明显优势。

独家内容：通过提供独家的优质内容（如视频、文章、报告等），吸引普通用户付费以获取这些资源。

第三步，忠诚度计划与积分奖励。

通过忠诚度计划与积分奖励机制，鼓励普通用户持续消费，并逐步培养他们的付费意识。

积分系统：用户每次消费或参与活动都可以获得积分，积分可以用来兑换优惠券或礼品。这种方式不仅能增加用户的参与感，还能激发他们的购买欲望。

会员等级：设立不同的会员等级，根据消费金额和频次进行升级，高等级会员享有更多优惠和特权，激励用户不断消费以提升会员等级。

第四步，个性化推荐与精准营销。

利用数据分析和用户画像，进行个性化推荐与精准营销，提高用户的购买意愿和转化率。

个性化推荐：根据用户历史行为记录和用户需求反馈，为用户推荐他们可能感兴趣及真正有价值的产品或服务，提高用户的购买转化率。

精准营销：通过分析用户行为数据，制订针对性的营销策略和活动，提高营销效果。例如，针对高潜力用户推送专属优惠和定制化内容。

第五步，情感共鸣与品牌价值。

通过情感共鸣和品牌价值的传递，建立用户对品牌的信任和忠诚，从而激发其付费意愿。

品牌故事：一个好的品牌故事打造，可以激发用户共鸣，通过讲述品牌故事和价值观，增强用户对品牌的认同感，触动用户内在的情感开关，从而提升他们对品牌的认可度。

社交互动：利用社交媒体平台，与用户进行互动，增强品牌与用户之间的情感连接，提高用户的品牌忠诚度和付费意愿。

4.3.2　借助小额付费会员筛选培养优质用户池

小额付费会员是一种有效的用户筛选和培养方法，通过设定合理的会员费用，可以筛选出高质量的用户，并为他们提供优质的服务和体验，从而提高用户的忠诚度和付费意愿。以下是详细的方法和步骤。

第一步，制订合理的会员费用。

制订合理的小额付费会员费用，使用户能够轻松接受并愿意尝试。

价格设定：根据目标用户的消费能力和市场调研结果，设定一个用户容易接受的小额费用，通常为几元到几十元不等。

灵活支付：提供灵活的支付方式，如月付、季付、年付等，降低用户的心理门槛，增加用户的付费意愿。

第二步，提供专属权益和优质服务。

为小额付费会员提供专属权益和服务，使他们感受成为付费用户的尊贵感和价值感。

专属福利：提供会员专属服务、会员品牌活动、限时特价等，增强用户升级付费的动力欲望，优化付费用户的体验感。

专属服务：为会员提供优先客服支持、快速物流、免运费等服务。

第三步，会员活动与社区建设。

通过定期举办会员活动，比如每周会员活动日，建设会员社区、会员福利社等，增强用户的归属感和互动体验。

会员活动：定期举办线上或线下会员活动，如会员日全场最低7折、新品试用体验、专属沙龙、品鉴会等，增强用户的参与感和归属感。

会员社区：建立会员专属的社交社区，提供交流平台和互动空间，让会员之间可以分享经验和建议，形成积极的互动氛围。

第四步，升级价值。

通过逐步升级，提升价值，将小额付费会员培养成高价值用户。

会员升级：设立不同级别的会员体系，根据会员的消费金额和频次进行升级，高级会员享有更多的权益。

价值提升：通过不断提升会员服务和产品价值，如增加高级功能、提供定制化服务等，增强用户的黏性和付费意愿。

4.3.3　案例分析：Costco如何成为付费会员界的鼻祖

Costco作为全球知名的会员制仓储零售巨头，以其独特的会员制模式和高性价比的商品吸引了大量忠实会员，成为付费会员模式的成功典范。以下将详细分析Costco如何通过其独特的商业模式和经营策略成为付费会员界的鼻祖。国内不少电商平台也在借鉴Costco的商业模式。

1. 会员制模式的设计

Costco的核心商业模式是会员制，收取会员费，并提供高性价比的商品和优质服务。

会员费设定：Costco的会员费设定合理，普通会员和行政会员分别为60美元和120美元，用户可以根据自己的需求选择不同的会员级别。

高性价比商品：Costco通过大宗采购和高效运营，将商品价格压低，提供比竞争对手更低的价格和更高的性价比。

2. 优质商品和服务

Costco通过严格的选品和优质服务，提升会员的购物体验和满意度。

精选商品：Costco采用严格的商品筛选标准，只销售质量优良、价格合理的商品，确保会员的购买体验。

优质服务：Costco注重服务质量，从购物环境、客服支持到退换货政策，都为会员提供优质的服务体验。

3. 会员福利和回报

Costco通过提供多种会员福利和回报，增强会员的忠诚度和满意度。

年度回报：行政会员每年可以获得消费金额的2%作为回报，最高可达1 000美元，以此直接激励会员增加消费。

专属优惠：Costco定期为会员提供专属的优惠活动和促销商品，增强会员的购买欲望和消费体验。

4. 品牌信任与口碑传播

Costco通过建立品牌信任和口碑传播，吸引更多用户成为会员。

品牌信任：Costco注重品牌建设和用户信任，通过透明的价格体系、优质的商品和服务，赢得用户的信任和认可。

口碑传播：通过满意的会员体验和口碑传播，Costco吸引了大量的新会员，形成了良性的会员增长循环。

5. 数据驱动的会员管理

Costco 通过数据驱动的会员管理，优化会员服务和运营效率。

精准营销：根据会员数据，进行精准的营销和促销，提高会员的消费频次和消费金额。

大数据：通过会员数据分析，了解会员的购买行为和需求，及时调整商品、服务策略。

通过以上策略，Costco 成功地打造了一个高效的会员制模式，成为付费会员模式的领先者。其成功经验表明，合理的会员费设定、高性价比的商品、优质的服务、会员福利和回报及数据驱动的会员管理，都是培养和管理付费用户的有效策略。

4.4　经营高黏性用户，提升购买力度

经营高黏性用户是企业获取长期收益和稳定增长的关键。高黏性用户不仅会频繁消费，还能够成为品牌的忠实传播者。以下将详细探讨如何挖掘用户需求并提供深度服务，如何按需制订产品并进行即时转化，以及如何通过会员产品矩阵成功经营高黏性用户。

4.4.1　挖掘用户需求并做好深度服务

挖掘用户需求并提供深度服务，是提升用户黏性和购买力度的关键。以下是详细的方法和步骤。

1. 用户调研与数据分析

通过用户调研和数据分析，全面了解用户需求和偏好。

问卷调查：定期进行问卷调查，收集用户和倾听用户的反馈，收集用户对产品的优化建议，明确一线用户的诉求。

行为数据分析：通过分析用户的浏览、点击、互动等行为数据，了解用户的兴趣及需求趋势。

社交媒体监测：监测用户在社交媒体上的讨论和反馈，以及短视频、直播的互动情况，发现潜在需求，及时发现问题。

2. 用户细分与精准定位

根据用户需求和行为，进行用户细分和精准定位，提供个性化服务。

用户分群：根据用户的购买频次、消费金额、兴趣偏好等，进行用户分群，识别高价值用户和潜力用户。

个性化推荐：借助主题社群、私信、微信标签等功能，将有相似点、共同点的用户进行分群，并对有不同需求的用户群体推荐他们所需要或感兴趣的话题、主题、产品等，做好真正落地的个性化推荐。

3. 深度服务与体验优化

为用户提供深度服务和优化体验，提升用户黏性和忠诚度。

VIP客服：为高黏性用户提供VIP客服服务，确保快速响应和解决问题，提升用户体验。

专属活动：定期举办高黏性用户专属的活动和体验，如产品发布会、VIP见面会等，增强用户的参与感和归属感。

反馈机制：建立用户反馈机制，及时收集和处理用户意见和建议，持续优化产品和服务。

4. 用户教育与价值传递

通过用户教育和价值传递，增强用户对品牌的认同感和忠诚度。

内容营销：通过高质量的内容（如博客、视频、在线课程等），向用户传递品牌价值和产品知识，提升用户的认同感和黏性。

用户培训：为用户提供产品使用培训和指南，帮助他们更好地理解和使用产品，提升用户体验和满意度。

5. 持续互动与情感连接

通过持续互动和情感连接，建立用户与品牌之间的深厚关系。

社交媒体互动：利用社交媒体平台、社群等通道。组织用户参与话题讨论、商品共创、线下活动，让用户参与商品的生产过程，增强用户的归属感、荣誉感，持续增强情感连接。

品牌故事：通过讲述品牌故事和理念，增强用户对品牌的情感连接和认同感。

4.4.2　按需定制产品并进行即时转化

按需定制产品并进行即时转化，是满足用户需求和提升购买力的有效策略。以下是详细的方法和步骤。

1. 需求洞察与产品研发

通过需求洞察和市场调研，准确把握用户需求，进行产品研发。

市场调研：通过市场调研和竞争分析，了解市场需求和趋势，确定产品研发方向。

用户参与：邀请用户参与产品设计开发、测试环节，收集用户的意见和建议，确保产品符合用户需求。

2. 快速迭代与持续优化

采用快速迭代和持续优化的方法，不断提升产品质量和用户体验。

敏捷开发：采用敏捷开发模式，快速推出产品原型和迭代版本，根据用户反馈进行优化和改进。

持续优化：根据用户反馈和数据分析，持续优化产品功能和性能，提升用户满意度和使用体验。

3. 精准营销与即时转化

通过精准营销和即时转化策略，提高用户的购买意愿和转化率。

数据驱动营销：利用用户数据和行为分析，制订精准的营销策略和活动，提高营销效果。

即时转化策略：通过限时优惠、闪购活动等即时转化策略，激发用户的购买欲望和紧迫感，提升转化率。

4. 用户体验与满意度提升

通过优化用户体验和提升满意度，增加用户的购买频次和消费金额。

用户体验设计：优化产品的用户体验设计，确保产品易用、美观，提升用户的使用满意度。

售后服务：提供优质的售后服务，及时解决用户问题，提升用户的满意度和忠诚度。

5. 反馈收集与改进

建立反馈收集与改进机制，确保产品和服务持续符合用户需求。

反馈收集：通过多种渠道（如在线问卷、客服记录、社交媒体等）收集用户反馈，了解用户的需求和意见。

改进机制：根据反馈进行产品和服务的改进和优化，确保持续提升用户满意度和用户体验。

提高用户留存率的5大步骤

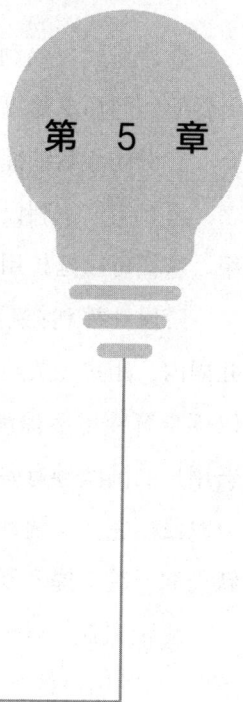

第 5 章

用户留存是企业长期发展的基石，特别是在竞争激烈的市场环境中，想要保持业绩平稳和正向增长，保持高用户留存率不容忽视！本章将探讨提高用户留存率的 5 大步骤，重点揭示新用户领完福利后不取关的秘密，除了给新用户设计与留存挂钩的福利，也需要给新用户提供持续关注的理由。

5.1 新用户领完福利不取关的秘密

用户在注册初期常常会因为各种福利和优惠而被吸引，但如何让他们在享受完这些福利后仍然保持对品牌的关注，是提升用户留存率的关键。接下来将详细探讨这一问题。

5.1.1 设计新用户福利的两个"小心机"

设计新用户福利时，可以通过一些精妙的策略，既吸引用户初次注册，又促使他们在享受福利后继续关注。以下是两大关键策略。

1. 分阶段解锁福利

将新用户福利设计为分阶段发放或解锁使用权，而不是一次性给予或使用。这样可以延长用户的关注时间，提高他们的留存概率。

阶段性福利：新用户注册后即可获得小额优惠券，而在接下来的几天或几周内，用户完成特定任务（如每日签到、首次购买、填写个人资料等）可以逐步解锁更多福利；也可以给新注册用户发放新用户券包，但不同的是，新用户的满减券有差异化的使用周期和阶段，新用户无法一次性使用，而须分时段用完。这两种形式都可以增强用户参与感，还可以有效拉长用户的活跃周期，甚至提升复购率。

解锁机制：通过设置任务或活动，如"完成 3 次购买后再获得额外优惠"，激励用户持续互动。这种解锁机制可以让用户在领取福利的过程中逐渐养成使用产品或服务的习惯，其留存率在潜移默化的引导下逐步提高！

2. 打造专属特权体验

让新用户感受到特别待遇和独特的价值，可以增强他们的归属感和持续使用意愿。

专属标签：为新用户设计专属的标签或标识（如"新手尊享""新用户特权"），在他们的个人页面或日常互动、用户活动设计里植入或显示，让他们感受到特别待遇。

专属权益：提供新用户专享的权益，包含但不限于专属新用户活动参与、新用户服务等，也包含新手指南、优先活动参与权、新用户问答社群等，增强新用户对品牌的依赖感和忠诚度，在显著提升新用户满意度的同时提升留存率。例如，提供新用户专享的视频课程、电子书或定制化服务，可增强新用户对于品牌的黏性。

5.1.2 提前布局，给予新用户继续关注的理由

在设计新用户福利的同时，也需要提前布局，给予用户继续关注的理由，从而提高留存率。

1. 持续性价值传递

持续向用户传递价值，是让他们保持关注的关键。

定期更新内容：定期向用户推送有价值的内容，让用户感觉每次打开应用网站或公众号账号等都有新的收获。例如，每周固定频次发布高质量的文章、教程视频或行业报告等，吸引用户定期访问和关注。

定期策划活动：有节奏的营销活动，可以带动用户的情绪并提高关注度。策划创意性有价值的活动，并通过多个通道触达用户，可以提升用户关注度和注意力，并提升其活跃度。

2. 打造互动氛围社区

通过打造强互动性的社区，增强用户之间的联系和互动，提升用户的归属感和黏性。

打造社交圈子：定期举办线上或线下的社群活动，打造用户的社交圈子，增强用户的参与感和归属感，满足用户拓宽人脉、打造社会名片等附加需求，比如红酒品鉴会、新品签约仪式等。也可以创建专属微信群或论坛，定期组织讨论和分享，增加用户之间的互动和交流。

用户激励活动：设计奖励机制，鼓励用户生产内容（UGC），包括但不限

于发帖、评论、问答、图文或视频制作等，通过奖励机制，比如积分、荣誉徽章、奖品、新品试用等，激励用户参与内容创作，打造良好的社区氛围，增强用户的归属感和活跃度。

3. 提供持续的激励机制

通过设计持续的激励机制，激励用户保持活跃和持续关注。

积分系统：建立积分系统，用户每次互动或购买都可以获得积分，积分可以用来兑换优惠券、礼品或专属服务。例如，用户完成每日签到、参与活动、撰写评论等任务可以获得不同额度的积分。累计获得一定积分数值后可以兑换相应积分数的实物奖品、现金激励或虚拟服务等。充分应用损失厌恶心理，增加用户的沉没成本，提升用户的忠诚度。

成长体系：设计用户成长体系，根据用户的活跃度和贡献度进行等级划分，提供相应的特权和奖励。用户所处等级越高，可以享受的权益越多，激励用户持续互动，并提升等级。

4. 动之以情提供用户关怀

合理应用情感关怀，可以让品牌在用户的人生重要时刻获得好印象。

生日祝福：在用户生日时发送祝福短信或邮件，并提供专属的生日礼物或优惠，增强用户的情感连接和归属感。例如，海底捞会在用户生日当天安排生日歌和长寿面，还有其他的许多细节和惊喜，这无疑是为了让用户惊喜万分，好感度暴增。

节日问候：在重要节日期间，比如春节、情人节等，向用户发送问候和祝福，并推出相应的节日促销活动，增加用户的参与度和购买欲望。

通过以上策略，新用户不仅可以享受到有吸引力的福利，还会因为持续的价值传递而保持对品牌的关注，最终实现用户留存率的提高。

5.2 激活用户，完成首单

激活用户并促成他们的首次消费是提高用户留存率的关键步骤。本节将探讨如何通过持续对用户产生曝光提升好感度，以及如何巧妙地埋下鱼饵，吸引用户完成首次消费。

5.2.1 持续对用户产生曝光，提升好感度

持续对用户产生曝光是建立品牌认知和提升好感度的有效手段。以下是一些策略。

内容营销：通过有趣、有料的高质量的内容营销，通过短视频、直播等形式，传递商品、服务、品牌内容，并展示传播其专业性和个性化内容。

激励机制：通过补贴、优惠券、积分等激励形式，找到用户需求点，通过激励引导并鼓励用户主动分享和推荐产品，扩大品牌的影响力。

社交媒体互动：通过社交媒体平台开通账号或合作达人发布内容，通过评论区、直播间、社群等通道与用户进行互动，增加品牌的可见度和用户的好感度。

社交媒体广告：在抖音、快手、小红书等社交媒体平台投放广告，根据用户兴趣和行为定向展示精准投放，在提高广告的相关性和转化率的同时提升品牌的曝光效果。

线下活动：通过线下活动，如产品发布会、体验会、行业展会等，与用户面对面交流，加深其对品牌的印象。

用户口碑营销：鼓励引导用户分享其使用体验和对商品的打分评价，通过口碑传播增加品牌曝光和信誉，增强潜在用户的信任和购买意愿。

5.2.2 埋下鱼饵抛给用户，完成首次消费

在提高用户好感度的基础上，设置一些巧妙的策略，吸引用户完成首次消费。

首次购买优惠：为新用户提供专属购买优惠，比如"新用户首单享8折"，降低购买门槛，用极致的性价比提升新用户的购买动力，提升首单转化率。

满减活动：设置新用户满减活动，如"新用户首单满30减15"，增加用户的购买欲望和订单金额。

限时折扣：在特定时间段内提供限时折扣，通过限时促销，如"24小时

指定商品消费享 85 折力度""48 小时内享受特价"等，营造紧迫感，促使用户尽快完成首次购买。

限量优惠：设置限量优惠，如"前 100 名新用户享受额外礼品"，吸引用户争相购买。

免费试用：提供免费试用服务，让用户在无成本风险的情况下体验产品，提高首次购买的可能性。

免费上门：为新用户提供首次购买免费配送上门的服务，在优化服务体验的同时降低他们的购买成本。

新会员专属：创建新会员专属优惠和特权，吸引新用户注册并进行首次消费。让新用户在注册会员后享受专属折扣，如"注册即享 9 折优惠"，以此增加新用户注册会员和消费动机。另可提供会员专属的特权服务，如优先购买、定制服务等，提升用户的专属感和满意度

社交裂变：通过社交裂变活动，利用用户社交网络，快速扩大品牌影响力和用户基础。

邀请返利：设置邀请返利机制，如"邀请好友注册并完成首单，双方各得 20 元优惠券"，激励用户主动推广和邀请新用户。

分享奖励：鼓励用户分享品牌或产品信息，提供相应的奖励，如"分享即赠 10 元优惠券"，增加品牌曝光和用户参与。

通过以上策略，可以有效地激活用户并促成他们首次消费，为后续的用户留存和持续消费打下坚实的基础。

5.3 激励用户，持续留存

用户的持续留存是业务长久发展的关键，保持用户的活跃度需要给予有效的激励措施。本节将探讨如何通过邀请用户参与活动获取奖励，以及如何设置层层利益点，引导用户持续参与。

5.3.1 邀请用户参与你设置的活动拿奖励

邀请用户参与品牌设置的活动不仅可以增强用户的参与感和忠诚度，还

能通过奖励机制进一步激励用户的积极性。以下是一些具体策略。

1. 线上互动活动

通过各类线上互动活动，增加用户的参与度和品牌的黏性。

社交媒体挑战：设置社交媒体挑战，如摄影比赛、短视频挑战等，鼓励用户创作和分享内容。参与者有机会赢得奖励，增加活动的吸引力。

2. 抽奖和游戏

通过抽奖和游戏活动，激发用户的参与热情。

幸运抽奖：设置定期的幸运抽奖活动，用户参与即有机会赢取大奖。抽奖活动可以通过购买产品、分享内容等方式参与，增加用户的互动和购买行为；抽奖的多样化开盲盒形式，比如大转盘、摇摇乐等增强了趣味性、可玩性。

积分游戏：开发品牌相关的小游戏，用户参与游戏积累积分，积分可以兑换奖励。如此有趣的多样化活动形式增加了趣味性，又能促进用户的活跃性，提高留存率。

3. 限时任务

通过设置限时任务，激励用户在特定时间内完成特定行为，获得相应的奖励。

每日签到：设置每日签到任务，用户每天登录应用并签到，即可获得奖励。通过连续签到奖励，鼓励用户养成每日使用的习惯。

限时挑战：设定限时挑战任务，如在指定时间内完成某项活动或购买特定产品，即可获得奖励，增加紧迫感和参与度。

4. 用户生成内容（UGC）

鼓励用户生成内容，并通过奖励机制提高他们的参与积极性。

内容分享奖励：用户在社交媒体上分享品牌相关内容并标记品牌标签，即可获得奖励，如免费课程、限时满减券等，通过用户的分享，提升品牌曝光度。

评价与反馈：鼓励用户对产品进行评价和反馈，提供奖励如抽奖机会，这也可以帮助企业关注产品口碑和用户体验。

用户讨论区：在社交媒体账号发布内容并且形成用户讨论区，鼓励用户分享经验和观点，高赞评论或积极参与讨论的用户可以获得礼品或品牌红包等，提升用户参与的积极性。

5.3.2 设置层层利益点引导用户持续参与

通过设置层层利益点，不断引导用户持续参与品牌活动，提升用户的黏性和忠诚度。

1. 分级会员制度

建立合理的分级会员制度，根据用户的消费和参与情况，设置不同级别的会员权益。

等级提升奖励：用户通过消费和活动参与积累积分，提升会员等级。每提升一个等级，都可以获得相应的奖励，如专属优惠、免费礼品等。

专属权益：不同会员等级享有不同的专属权益，如优先购买权、专属客服、定制服务等，以此激励用户不断提升等级。

2. 长期奖励计划

通过长期奖励计划，激励用户持续参与品牌活动。

累计消费奖励：设置累计消费奖励计划，用户在一定时间内累计消费达到一定金额，即可获得或兑换奖励，如大额优惠券、限量礼品等，鼓励用户持续消费。

忠诚度计划：设立忠诚度计划，用户每次参与活动或完成任务都可以获得积分，积分可以兑换多种类型奖励，如现金返现、免费体验等。

3. 多样化脉冲式活动

提供多样化脉冲式的活动类型，满足用户差异化需求和兴趣的同时，可提升交易规模。

用户调研：定期进行用户调研，了解用户对活动的需求建议，可持续根据反馈进行优化和调整。

周期性活动：定期举办不同类型的活动，如每月主题促销、会员日促销等，保持用户的新鲜感和参与热情。

定制化活动：根据目标用户分群和分层群体的需求，提供个性化的活动，增加活动吸引力和有效性，才能带来比较好的活动效果。

4. 社交互动

利用社交互动，增加用户的参与感和归属感。

好友邀请：鼓励用户邀请好友参与活动，设置邀请奖励，如双方都获得优惠券或积分，在增加活动传播力的同时提升裂变效率。

用户组队：设置组队活动，用户可以组队完成任务，共同获得奖励，增强用户之间的互动和黏性。

通过以上策略，品牌可以有效激励用户持续参与活动，提高用户的留存率和忠诚度，为品牌的长远发展奠定坚实基础。

5.4 留存用户，提升价值

5.4.1 产品需具备满足用户核心需求的功能

产品的核心功能是满足用户需求的基础，是用户留存的关键因素。

以下是确保产品功能满足用户核心需求的六大步骤。

第一步，用户调研。充分的市场调研和用户调研，可以帮助中小微企业判断用户对商品的兴趣，以及商品面市后的机会点和市场空间。

市场调研：通过问卷调查、访谈、焦点小组等形式，收集用户的需求信息。

用户画像：创建详细的用户画像，包括基本特征、活跃特征、消费特征、用户分层等要素，以便全面了解用户。

第二步，了解竞争市场。分析调研市场上的竞争产品，分析其优劣势，优化自身产品功能。

竞品调研：定期进行竞品调研，了解竞争对手的商品功能优劣势，找到差异化竞争优势。

差异化优势：通过分析竞品，找到自身产品的差异化优势，并进一步强化这些优势，提升竞争力，建立护城河。

第三步，需求分析。对收集到的用户需求进行分析，确定核心需求、次要需求分别是什么。

优先级排序：根据需求的紧迫性和重要性，对需求进行优先级排序。

功能规划：根据需求分析结果，规划产品的核心功能和辅助功能。

第四步，商品功能设计。设计直观、易用的产品功能，确保能够轻松满足用户的核心需求。

用户体验设计：注重用户体验，确保产品的交互流程简洁明了，减少用户的操作步骤。

功能测试：在产品的开发过程中，进行功能测试，确保功能的稳定性和可用性。

第五步，用户反馈机制。建立有效的反馈机制，收集用户对产品功能的使用反馈，不断优化产品。

用户反馈渠道：提供多种反馈渠道，如在线表单、社群收集、客服热线、社交账号等，方便用户提供反馈，并让其有机会得到回应，让问题得以解决。

客户支持：提供及时的客户支持，解答用户在使用过程中遇到的问题，确保用户能够顺利使用产品。

第六步，持续迭代创新。持续创新是产品保持竞争力和提高用户黏性的关键。

迭代更新：根据用户反馈，不断迭代更新产品功能，提升用户满意度。

功能扩展：根据用户需求和市场趋势，及时推出新的功能，在满足用户真实诉求的同时保持产品的新鲜感和吸引力。

5.4.2 层层引导留住并提升用户长期价值

层层引导用户持续使用产品和服务，是提升用户长期价值的重要策略。以下是具体方法。

1. 新用户教育地图：通过系统的用户教育，帮助用户深入理解和使用产品的全部功能

新手引导：为新用户提供详细的使用指南和操作演示，帮助他们快速上手。

进阶教程：为已有用户提供进阶教程，帮助他们掌握更高级的功能和使用技巧，提升用户技能也有利于提升用户体验。

2.用户激励：通过多种激励手段，激发用户的使用积极性和参与热情

积分奖励：用户每次使用产品或完成任务，都可以获得积分，积分可以兑换奖励或优惠。

等级制度：设置用户等级制度，不同等级享有差异化权益和奖励，激励用户不断提升等级。

营销激励：根据新用户运营的不同角度，在不同阶段设置相应的营销补贴方案，撬动、增强用户行为动力。

3.用户互动：建立运营用户社区和社群，增强用户之间的互动和用户黏性

在线社区：创建在线社区，用户可以在社区内交流经验、分享心得、提出建议。

线下活动：定期举办线下活动，如用户见面会、体验会等，增加用户的参与感和归属感。

4.品牌建设：通过品牌建设，增强用户的品牌认同感和忠诚度

品牌文化：传递品牌的核心价值和文化理念，增加用户的品牌认同感。

品牌活动：定期举办品牌活动，如公益活动、品牌庆典等，增强用户的品牌归属感。

5.个性化服务：提供个性化服务，满足用户的多样化需求，提升用户的满意度和忠诚度

定制化内容：根据用户的兴趣、行为和关注点，提供个性化的解决方案、内容推荐和服务建议。

6.用户反馈机制：建立有效的用户反馈机制，及时了解和解决用户的问题和需求

多渠道反馈：提供多种反馈渠道，如社群私信、客服电话、社交媒体等，方便用户提供反馈。

反馈处理：建立快速响应机制，收到用户反馈及时跟进处理，解决用户问题，提升用户满意度。

通过以上策略，企业可以有效留住用户，提升用户的长期价值，为企业的可持续发展提供坚实的基础。

5.5 挽回用户，减少流失

在激烈的市场竞争中，用户流失是企业面临的重大挑战之一。有效挽回用户并减少流失，是维持活跃用户基本盘的基础，也是实现可持续发展的关键。

5.5.1 定位品牌忠实用户流失的核心因素

定位品牌忠实用户流失的核心因素，是挽回用户的第一步。以下是一些定位流失核心因素的方法。

1. 数据分析：通过数据表现，定位用户流失的关键行为和行为模式

用户行为分析：跟踪用户的行为数据，分析用户在流失前的使用情况和互动记录。

流失率分析：计算和分析不同阶段、不同用户群体的流失率，找出流失的高峰期和高危用户群体，推测一些可能的原因，为后续成因分析找到方向。

2. 用户调研反馈：基于用户调研反馈，定位用户流失的根本原因

流失原因调查：对已流失用户进行调查，询问他们流失的具体原因和意见。

满意度调查：定期进行用户满意度调查，了解用户对产品和服务的看法，提前发现潜在的流失风险，并提前介入干预潜在流失的用户群体。

3. 竞品分析：分析竞争对手的产品和策略，了解用户流失的外部原因

市场调研：研究竞争对手的优势和劣势，了解用户为什么选择竞品。

用户流向分析：分析流失用户的去向，分析这部分用户离开的原因，并基于原因设法去减缓或挽回。

4. 用户画像：建立详细的用户画像，了解忠实用户的特征，包含基本特征、活跃特征、消费特征等，以及不同类型用户的消费需求

核心用户群体：识别品牌的核心用户群体，了解他们的基本特征、行为习惯、偏好和需求。

流失用户画像：创建流失用户画像，找出流失用户与忠实用户的异同。

5. 情感联系：了解用户与品牌之间的情感联系，分析情感因素对用户流失的影响

品牌忠诚度：评估用户对品牌的忠诚度，分析忠诚度降低的原因，改善自身的运营战术和策略，找到关键拐点。

情感分析：通过平台评论区、社交媒体互动信息分析用户对品牌的情感变化。

6. 商品或服务质量：评估商品或服务质量对用户流失的影响

商品质量：通过用户反馈和售后问题处理闭环，评估商品质量情况。

客户服务：分析客户服务的响应时间、解决问题的效率和用户满意度，

服务体验：通过用户反馈和服务监控，评估用户的整体服务体验。

5.5.2 解决关键影响因素是减少流失的根本

定位到流失的核心因素后，企业需要针对这些关键因素采取有效的解决措施，从根本上减少用户流失。以下是具体方法。

1. 提升商品质量：商品质量是影响用户留存的关键因素之一

功能完善：不断完善产品功能，满足用户的核心需求和潜在需求。

质量控制：严格控制产品质量，减少产品缺陷和使用中的问题，提升用户体验。

2. 优化用户体验：优化用户体验，提升用户的使用满意度

界面设计：简化产品界面，提升用户的操作便捷性和使用体验。

交互设计：优化交互流程，减少用户操作步骤，提高操作效率。

3. 改进客户服务：提升客户服务质量，增强用户的满意度和信任感

响应速度：提高客户服务的响应速度，及时解决用户问题。

服务态度：培训客户服务人员，提升服务态度和服务水平。

4. 用户激励：通过用户激励措施，激发用户的参与积极性和忠诚度

积分奖励：推出积分奖励计划，用户每次使用产品或完成任务都可以获得积分。

优惠活动：定期推出优惠活动和促销活动，吸引用户持续使用产品。

5. 建立用户关系：建立和维护良好的用户关系，增强用户对品牌的情感联系

6. 增强品牌价值：提升品牌价值和品牌认同感，增强用户的品牌忠诚度

品牌建设：通过品牌宣传和品牌活动，提升品牌知名度和美誉度。

品牌文化：传递品牌文化和核心价值，增强用户的品牌认同感。

7. 及时处理用户反馈：建立高效的用户反馈处理机制，及时解决用户问题和需求

反馈渠道：提供多种反馈渠道，方便用户提供反馈。

反馈处理：建立快速响应机制，及时处理用户反馈，提升用户满意度。

8. 数据优化：通过数据分析和优化，不断提升产品和服务的质量

数据分析：利用数据分析技术，明确用户行为和需求。

优化调整：根据数据分析结果，及时调整和优化产品功能和服务。

通过以上措施，企业可以有效解决用户流失的关键问题，从根本上减少用户流失，提升用户的长期价值，这样自然便提高了用户留存率，为企业的可持续发展奠定坚实基础。

快速促进用户销售转化

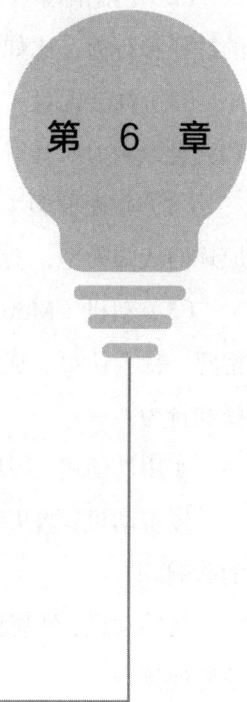

第 6 章

在竞争日益激烈的市场环境中，企业要想快速实现销售转化，深入洞察用户心理、博得用户好感，建立信任至关重要。

6.1 洞察用户心理，博得好感建立信任

6.1.1 使尽浑身解数深入洞察用户不同心理

要促进销售转化，首先需要深入了解和洞察用户的心理需求和行为动机。洞察用户的不同心理，可以影响目标受众的消费行为和态度。

（1）认知偏差（Cognitive Biases）：这些是人们在决策和判断过程中的系统性错误，比如确认偏差、群体思维等。

（2）情感因素（Emotional Factors）：用户的情绪和情感状态会影响他们的选择和行为，比如情感连接、焦虑、愤怒等。

（3）社会因素（Social Factors）：用户在社会群体中的地位、群体认同感和社会影响力对其行为有影响。

（4）心理模型（Mental Models）：用户对产品或服务的使用方式和工作原理的认知模型，会影响他们的期望和反应。

（5）动机（Motivation）：用户采取行动背后的动机和驱动力，如经济、情感、社会认可、成就感、归属感、自我表现等，这些需求会影响用户的选择和行为。

实用性动机：用户购买产品或服务是为了满足日常生活的实际需求。

经济动机：购买行为受到价格、优惠、节约成本或投资回报等经济因素的影响。

情感动机：情感因素驱使用户做出购买决策，例如追求快乐、愉悦感或情感连接。

社会动机：用户的购买行为可能受到社会认同、社会地位或社会影响的驱动，比如追求社会认可或归属感。

认知动机：用户出于获取信息、学习或认知兴趣而购买产品或服务，例如追求新知识或技能的获取。

自我表现动机：用户购买某些产品或服务是为了表达自我、展示个性或增强自尊心。

（6）行为模式（Behavioral Patterns）：用户的习惯和行为模式，比如惯常购买决策、信息获取途径等。

洞察用户的心理需求和行为动机后，可以设计出更符合用户需求和期望的产品、服务。

（1）行为动机分析：分析用户行为模式、购买习惯及行为动机，分析影响用户此时购买的因素，提升用户消费转化。

行为动机：分析用户的行为路径和行为动机，基于此设计用户激励方式。

购买习惯：研究用户购买历史，了解用户的偏好和购买周期，以便更好地预测用户需求。

（2）心理动机分析：了解用户的心理动机，找出驱动用户购买的核心因素。

需求满足：识别用户的基本需求和高级需求，设计产品和服务来满足这些需求。

情感动机：分析用户的情感动机，如对品牌的情感联系、对产品的期待等，以便在营销中激发用户的情感共鸣。

因此，充分了解并充分应用用户心理至消费行为，可以持续促进销售转化。

6.1.2　品牌博得用户好感并建立信任的路径

用户好感和信任是促成销售转化的关键因素。以下是品牌赢得用户好感并建立信任的 6 种路径。

1. 品牌价值传递：通过清晰的品牌价值传递，赢得用户的认同和好感

核心价值：明确品牌的核心价值和使命，通过各种渠道传递给用户。

品牌故事：讲述品牌的故事，展现品牌的历史、文化和理念，增强用户的品牌认同感。

2. 优质产品和服务：提供优质的产品和服务，赢得用户的信任和满意

质量保障：确保产品质量，提供高质量的服务，减少用户的使用风险和不满。

售后服务：提供完善的售后服务，及时解决用户问题，增强用户的信任感。

3. 个性化体验：提供个性化的用户体验，满足用户的个性化需求

定制化服务：根据用户的偏好和需求，提供定制化的产品和服务。

个性化推荐：利用数据分析和专属标签，对不同群体的需求进行分类，提供个性化的内容推荐和服务建议，以更好满足用户的个性化需求。

4. 口碑营销：利用口碑营销，增强用户的信任和购买意愿

用户评价：鼓励用户留下真实的评价和反馈，通过真实的用户评价增加品牌的可信度。

推荐计划：推出用户推荐计划，鼓励现有用户推荐新用户，形成口碑传播效应。

5. 品牌活动：通过品牌活动，增强用户的参与感和归属感

品牌活动：定期举办品牌活动，增强用户的品牌记忆和情感联系。

互动活动：通过线上线下的互动活动，增加用户的参与感和互动性。

6. 持续创新：不断创新，保持品牌的新鲜感和用户的兴趣

产品创新：定期推出新产品和新功能，满足用户不断变化的需求。

营销创新：采用新的营销手段和策略，吸引用户的注意和兴趣。

通过以上路径，品牌可以赢得用户的好感和信任，从而促进销售转化，提升品牌的市场竞争力和用户忠诚度。

6.2 挖掘用户需求，以需定制营销策略

在当今竞争激烈的市场环境中，了解用户需求并以此制订营销策略是取得成功的关键。企业需要深入挖掘用户需求，并基于此设计针对性的营销策略，从而推动交易规模的增长。本节将探讨如何定位目标用户核心需求，如何根据用户需求建立营销策略以及如何通过"互联网+"模式融合产业资源构建生态链。

6.2.1　定位目标用户核心需求是成功的第一步

要实现成功的营销，首先需要准确定位目标用户的核心需求。这一过程包括以下几个关键步骤。

第一步，市场调研。

市场调研是了解用户需求亘古不变的基础。

问卷调查：通过问卷调查获取大量用户的反馈，了解其需求、偏好和痛点。问卷可以涵盖产品功能、使用体验、价格期望等多个方面。

深入调研：通过与潜在用户面对面的交流，比如访谈、对话等形式，获取更深层次的见解和需求。

第二步，心理动机分析。

理解用户的心理动机，挖掘深层次需求。

情感需求：分析用户的情感需求，如归属感、成就感等，设计满足情感需求的产品和服务。例如，奢侈品满足的是用户的身份认同和自豪感，而不是单纯的功能需求。

功能需求：了解用户对产品功能的需求，优化和创新产品功能。例如，智能电动车的用户可能对操作系统的流畅度、电池续航、安全系统等功能有着明确的需求。

第三步，用户画像。

总结明确具体的用户画像，精确定位用户需求。

第四步，场景构建。

分析用户在不同场景中的需求，提供针对性的解决方案。

使用场景：研究用户在不同使用场景下的需求，如居家、办公、出行等。例如，家用电器在家庭场景下的使用需求和在办公场景下的使用需求可能有所不同。

购买场景：分析用户在不同购买场景下的需求，如线上购物、线下购物等。例如，线上购物用户往往会更关注配送速度和售后服务，而线下购物用户则更注重现场体验和即时购买。

通过以上方法，企业可以全面了解目标用户的核心需求，从而为制订有效的营销策略奠定基础。

6.2.2 基于用户需求建立营销策略带动交易规模

在明确了用户需求之后，企业需要基于这些需求设计和实施营销策略，以带动交易规模的增长。以下是几种具体的方法。

1. 精细化用户运营

（1）用户画像：用户画像又称用户角色。作为一种勾画目标用户、联系用户诉求与设计方向的有效工具，用户画像在各领域得到了广泛的应用。如图 6-1 所示，通过典型用户标签分布可获得用户具体的特征信息，比如都市白领女性、人均贡献 140 元、来自小红书、抖音引流等，这些用户标签可以辅助我们判断用户价值及匹配更为精准的用户运营策略。

图6-1　典型用户标签分布示意图

（2）用户划分：也称为"用户细分"，是一种将用户群体根据特定标准划分为不同子集的过程，便于更好地理解用户需求和行为，从而提供更具针对性的产品或服务。

（3）用户分层运营：完成用户细分后，用户运营可以分层制订策略，找到最佳业务识别机会。

（4）用户生命周期管理：用户从流入到流失贯穿用户整个生命周期，针对不同阶段进行运营，以提升 LTV（Life Time Vaule，用户生命周期价值）。

2. 策略制订与精准营销

（1）策略制订：基于用户细分的分层或分群、用户所处差异化的阶段，总结用户画像特征，理解用户需求，制订差异化的策略进行运营干预。

（2）精准营销：针对不同用户群体制订不同的营销策略，比如针对一二线年轻爱美女性，用户运营可以找到以小红书为代表的社交媒体，进行信息流广告投放，与美妆、时尚博主进行广告合作，展开精准触达，并设计匹配目标用户群体的激励活动，引导目标受众完成互动等符合中小微企业业务诉求的任务目标。

3. 用户激励机制

围绕消费者心理模型，基于不同用户群体的需求，制订激励措施，引导用户购买等行为。

用户激励机制可以分为多种类型，比如满减、折扣等限时促销活动，能引导用户下单；比如 UGC 内容 VV 激励，能引导用户生产优质内容并互动传播；比如会员积分奖励计划，对于用户每一次消费行为等进行积分累积，并设计不同层级积分的兑换奖励的价值和类型，能提升用户持续复购，使之成为忠实用户。

4. 品牌合作，可以通过品牌联动活动，扩大品牌影响力和用户基础

（1）跨界合作：与其他品牌进行跨界合作，推出联名产品或联合活动，吸引更多用户关注。例如，时尚品牌与运动品牌合作推出联名系列，吸引时尚和运动爱好者的关注。

（2）品牌联盟：与相关行业品牌组成品牌联盟，互相推广，扩大品牌影响力。例如，酒店与航空公司合作，提供联合会员计划，让用户在预订酒店和机票时享受更多优惠。

通过以上策略，用户运营可以制订基于用户需求和用户画像的精准化营销策略，从而带动用户出单规模，进而提升交易规模的增长，提升市场竞争力。

6.2.3 "互联网+"模式融合产业资源构建生态链

1. "互联网 +"模式介绍

"互联网 +"模式是传统产业与互联网相互融合的一种创新模式。其核心

在于利用互联网的技术和思维，对传统行业进行升级和改造，以达到提升效率、优化服务、增强用户体验的目的。这一模式正在成为推动经济结构调整和产业升级的重要力量。

在这个模式中，"+"是指互联网与传统产业的融合。具体来说，包括将互联网的技术应用到传统行业中，如使用云计算、大数据等技术优化资源配置和生产效率；同时，也将互联网的用户思维、流量思维等转化为传统行业的发展思路，如利用网络营销扩大品牌影响力，通过网络平台直接连接消费者等。

2. 产业资源整合

在"互联网+"模式下，有效整合产业资源，并基于互联网构建与不同行业的合作共赢、紧密协同变得更加重要。这包括以下几个方面。

（1）供应链资源：产业带供应链资源结合，实现商品集合效率高效化。

（2）物流资源：利用互联网平台，实现物流信息的实时更新和资源的高效调配，降低物流成本，提升配送效率。

（3）金融服务：将互联网金融与传统行业结合，提供多样化、个性化的金融服务，帮助企业解决融资难题，也为消费者提供便捷的交易支付服务。

（4）人才资源：培养和吸引具有互联网思维和传统行业知识的专业人才，构建跨界的复合型人才团队，以适应产业融合的要求。

3. 生态链构建策略

通过技术平台和数据共享，构建开放的生态链，促进各方资源优化配置和创新协作，实现全方位的产业链增值。

构建生态链是"互联网+"模式下的重要目标。生态链的构建着眼于以下几个方面。

（1）技术平台：建设共享的技术平台，为合作伙伴提供技术支持和数据共享服务，降低技术门槛，加速创新。

（2）数据共享：通过数据开放和共享，实现产业链上下游之间的信息对接和资源整合，提升整个产业链的运作效率。

（3）开放合作：倡导开放合作的态度，打破行业壁垒，在企业之间、行业之间进行跨界合作，共同创造新的价值。

（4）商业模式创新：不断探索新的商业模式，如平台经济、共享经济等，通过商业模式的创新带动整个产业的变革。

通过"互联网+"模式融合产业资源，中小微企业可以构建一个高效、协同的生态链，实现资源共享和价值提升，为用户提供更优质的产品和服务。

6.2.4　案例分析：小米从"发烧友"到建立智能生态王国

小米公司是成功利用"互联网+"模式构建生态链的典型案例。以下是小米的发展历程和成功经验：小米在成立之初，定位于为"发烧友"提供高性能、低价格的智能手机。小米非常好地抓住了"发烧友"对高性价比手机的需求，并且引导用户在论坛进行互动反馈，邀请重点用户参与系统的讨论并提出切实需求，有效的用户建议也会被采纳，并融入系统开发与优化的方向和策略中。用户共创模式让"发烧友"的互动参与体验感得到了极大提升和满足。

小米通过互联网直销模式，降低中间成本，持续快速推出高性价比产品，并及时满足用户市场的需求变化。小米每年都会推出新的手机型号以满足用户需求，提升使用性能体验。

除了智能手机，小米还推出了智能家居、电器、电动汽车等多样化科技类智能产品，涉猎全生态多领域，成功打造了智能生态王国。2024年小米SU7成功发布，更是将小米的商业价值和市值提升到新的高度。

1. "互联网+"模式介绍

"互联网+"模式是指通过互联网技术与传统产业深度融合，推动产业升级和创新发展，提升效率和竞争力。小米公司正是通过这一模式，迅速从一家初创公司成长为全球知名的科技企业。

2. 产业资源整合

（1）供应链资源：小米通过系统化、标准化和信息化的手段，建立了高效的供应链管理体系，从原材料采购、工厂合作产品生产到物流配送，每个环节都实现了精准控制和高效协同。小米通过与供应链上下游企业的紧密合作，采用精益生产和柔性制造模式，提升生产效率和产品质量，极大降低了产品生产成本，提高了价格的竞争优势。

另外，小米通过投资大量生态链企业，覆盖智能硬件的各个领域，并与这些企业协调合作，构建了完整的智能硬件生态链。小米生态链企业包括小蚁科技（智能摄像头）、华米科技（智能手环）、紫米科技（移动电源）等。

（2）物流资源：在物流方面，小米采用高效的供应链管理和智能仓储系统，保证产品快速、高效地送达消费者手中。例如，小米与国内外多家物流公司合作，通过大数据分析和优化路径设计，提高物流配送效率，降低物流成本。

（3）人才资源：小米重视人才培养和引进，汇集了一大批具有互联网思维和传统行业知识的专业人才。公司内部设有小米大学，通过培训和学习，提升员工的综合能力和创新能力。

（4）用户资产：小米的成功离不开"发烧友"，离不开全球7亿多活跃用户。区别于其他企业，小米通过用户共创模式，让粉丝深度参与产品研发设计、功能迭代，将粉丝的反馈视为珍宝，真实深入用户视野，满足需求，这一举动也让用户极大认可品牌，并愿为之付费，即便是二三十万元的电动汽车也不例外。

3. 生态链构建策略

（1）技术平台：小米构建了开放的技术平台，向合作伙伴提供技术支持和数据共享服务。例如，小米的 MIUI 系统和小米云服务，为开发者和合作企业提供了广阔的平台和资源。小米的智能家居产品可以通过米家 App 实现互联互通，提供一站式的智能家居解决方案。

（2）研发创新：小米重视研发创新，每年投入大量资金用于技术研发。公司设有多个研发中心，涵盖人工智能、大数据、物联网等前沿技术领域。通过不断的技术创新，小米在市场上始终保持竞争力。

（3）数据共享：小米通过其智能硬件使用数据分析，不仅能优化产品设计和用户体验，还能帮助合作伙伴更好地理解市场需求。

（4）开放合作：小米倡导开放合作，与众多企业建立了战略合作伙伴关系。例如，小米生态链企业涵盖了智能硬件、生活消费品等多个领域，通过资本和技术支持，助力合作伙伴成长。

（5）商业模式创新：小米通过创新的商业模式，如互联网直销等，打造了独特的竞争优势。小米商城和小米之家，不仅是产品销售渠道，更是品牌与用户互动的平台，增强了用户黏性和品牌忠诚度。

（6）国际化布局：小米积极进行国际化布局，拓展海外市场。目前，小米产品已经进入全球多个国家和地区，通过本地化运营和营销策略，逐步提升品牌的国际影响力。

小米公司通过"互联网＋"模式，成功整合了各类产业资源，构建了一个开放、协同、创新的生态链。其在技术平台、数据共享、开放合作和商业模式创新等方面的成功实践，为其他企业提供了宝贵的经验和借鉴。

6.3　占领用户心智，产品口碑深度种草

6.3.1　占领用户心智最好的方式是做到垂类第一

占领用户心智的关键在于在特定的细分市场中做到第一，成为该领域的领导者。这不仅可以提升品牌的知名度和影响力，还能增强用户的信任和忠诚度。

第一步，细分市场选择。

选择合适的细分市场，精准定位目标用户。

市场调研：通过市场调研，了解不同细分市场的规模、竞争情况和用户需求。例如，运动鞋市场可以进一步细分为跑鞋、篮球鞋、休闲鞋等不同子市场。

需求分析：分析用户的需求和痛点，选择具有较大需求且竞争较少的细分市场。例如，智能家居市场可以细分为智能照明、智能安防、智能音响等领域。

第二步，产品差异化。

提供差异化的产品，满足用户的独特需求。

独特卖点：通过创新和技术提升产品的独特卖点，吸引用户。例如，某品牌的跑鞋主打超轻材质和强劲缓震功能，满足专业运动员或跑步爱好者的需求。

第三步，品牌定位。

明确品牌定位，在用户心中树立清晰的品牌形象。

品牌故事：通过讲述品牌故事，传递品牌的核心价值和理念。例如，某户外品牌通过讲述创始人冒险故事，传递品牌的探险精神和环保理念。

品牌视觉：通过统一的品牌视觉形象，如标志、包装、广告等，增强品牌的辨识度和记忆点。例如，某饮料品牌通过独特的包装设计和广告创意，打造鲜明的品牌形象。

第四步，市场推广。

通过有效的市场推广，扩大品牌的影响力和知名度。

精准营销：通过数据分析和用户画像，进行精准的广告投放和推广活动。例如，某化妆品品牌通过社交媒体广告和 KOL 合作，精准触达目标用户群体。

内容营销：通过优质的内容吸引用户关注和参与。例如，某健康食品品牌通过发布健康饮食指南和食谱，吸引健康饮食爱好者的关注。

第五步，用户体验。

提供卓越的用户体验，提升用户满意度和忠诚度。

用户评价：鼓励用户留下真实的评价和反馈，及时回应用户的问题和建议。

产品质量：保证产品的高质量和可靠性，满足用户的期望。

售后服务：提供优质的售后服务，解决用户的问题和疑虑。例如，某家电品牌提供快速响应的售后服务，并且延长保修期，让用户购买无后顾之忧。

中小微企业可以通过以上策略，努力在超细分市场中达到垂类第一的发展目标，占领用户心智，提升品牌的市场竞争力和影响力。

6.3.2　讲好品牌故事能帮助新品牌快速出圈

品牌故事是品牌与用户之间建立情感连接的重要途径。一个好的品牌故事可以帮助新品牌快速出圈，吸引用户的关注和喜爱。以下是讲好品牌故事的几种方法。

1. 挖掘品牌理念

挖掘品牌的核心价值和理念，找到品牌故事的核心。

品牌使命：明确品牌的使命和愿景，传递品牌的核心价值。例如，某环保品牌的使命是"保护地球，为子孙后代留下一片净土"，通过品牌故事传递环保理念。

创始人故事：讲述创始人的创业历程和品牌的诞生过程，增强品牌的真实性和亲和力。例如，某手工糕点品牌通过讲述创始人坚持手工制作的故事，传递品牌的匠心精神。

2. 打造情感共鸣

通过情感共鸣，让用户产生情感认同。

用户故事：分享用户使用产品的真实故事，展示产品的价值和意义。例如，某健身品牌通过用户的减肥和健身故事，展示产品的实际效果和改变生活的力量。

情感诉求：通过情感诉求打动用户的心，让用户产生共鸣。例如，某母婴品牌通过讲述母爱的故事，传递对母亲和宝宝的关爱和呵护。

3. 内容视觉呈现

通过内容视觉呈现，增强品牌故事的感染力和传播力。

视频故事：通过短视频和微电影讲述品牌故事，增强视觉冲击力和情感感染力。例如，某时尚品牌通过拍摄时尚大片和幕后花絮，展示品牌的时尚态度和独特风格。

图文结合：通过图文结合的方式呈现品牌故事，增加信息的丰富性和趣味性。例如，某食品品牌通过漫画和插画展示品牌的历史和文化，吸引用户的关注和阅读。

4. 多渠道传播

通过多渠道传播品牌故事，扩大品牌的影响力和传播范围。

社交媒体：通过社交媒体平台传播品牌故事，吸引用户的关注和分享。

公关传播：通过媒体报道和公关活动传播品牌故事，提高品牌的知名度和公信力。

5. 线上线下互动体验

通过互动体验，增强用户的参与感和互动性。

线下活动：举办线下活动和体验活动，让用户亲身感受品牌的故事和品牌价值。例如，某汽车品牌通过举办试驾活动和品牌体验日，让用户体验驾驶乐趣和汽车品质。

线上互动：通过线上互动活动增加用户的参与感和互动性。例如，某游戏品牌通过在线游戏和社交媒体互动，吸引用户参与品牌故事的讨论和创作。

6. 丰富品牌故事库

不断更新和丰富品牌故事，保持用户的关注和兴趣。

故事延续：不断延续和丰富品牌故事，让用户产生新的热情，持续完善用户对于品牌的认知，提升品牌的用户黏性。

新故事：不断挖掘和讲述新的品牌故事，用新的理念激活用户，增加品牌的多样性和吸引力。例如，某旅游景点通过讲述不同目的地的故事，吸引用户探索和体验不同的旅游地。

通过以上方法，新品牌可以通过讲好品牌故事快速出圈，吸引用户的关注和喜爱，建立品牌的知名度和影响力。

6.3.3 案例分析：可口可乐是碳酸饮料界的"快乐王者"

可口可乐的品牌定位是"快乐"和"分享"，通过这一定位占领用户心智。可口可乐传递的核心价值是"快乐分享每一刻"，这一价值贯穿品牌的所有营销活动和广告宣传。品牌通过红色的包装、经典的瓶形设计及"Coca-Cola"字样，给全球范围的用户锚定了心智，并且建立极高的品牌辨识度和记忆点。

1. 广告宣传

可口可乐在广告宣传上投入巨大，通过多样化的广告形式和创新的广告内容，强化品牌形象。

（1）经典广告语：如"Open Happiness"和"Share a Coke"都传递了品牌的快乐理念，增强了用户情感共鸣。

（2）创意广告：可口可乐的广告创意多次引起轰动，如在"超级碗"上的精彩广告片和节日特别版广告，深受用户喜爱。

2. 品牌故事

可口可乐通过讲述品牌故事，增强品牌的亲和力和感染力。

（1）品牌历史：可口可乐通过讲述其悠久的品牌历史和文化，增强品牌的权威性和信赖感。例如，可口可乐的诞生故事和发展历程常被用来宣传其品牌底蕴。

（2）消费者故事：通过分享消费者与可口可乐的故事，展示品牌在日常生活中的陪伴和重要性。例如，节日期间，可口可乐推出的"与家人分享快乐"的故事，强化了品牌的温馨形象。

3. 产品创新

可口可乐不断进行产品创新，以满足不同消费者的需求和口味。

（1）多样化产品线：除了经典的可口可乐，可口可乐公司还推出了低糖、无糖、不同口味的产品，以满足消费者对健康和个性化的需求。

（2）限量版和特别版：通过推出限量版和节日特别版，吸引消费者的注意和购买。例如，每年圣诞节期间推出的特别版包装和广告，增强了品牌的节日气氛。

4. 体验营销

可口可乐通过体验营销，增强消费者的参与感和品牌认同。

（1）现场活动：如"可口可乐快乐时光"活动，通过现场互动、游戏和赠品，吸引了大量年轻消费者。

（2）互动营销：通过社交媒体平台和线上互动活动，增强消费者的参与感。可口可乐的"分享可乐"活动，鼓励消费者在社交媒体上分享与可口可乐的故事和照片，形成良好口碑传播。

5. 全球化策略

可口可乐积极拓展全球市场，通过本地化运营实现品牌的全球化发展。

（1）本地化营销：针对不同国家和地区的文化和习惯，进行本地化的广告和营销活动。例如，在中国市场推出的春节特别版包装和广告，融入了中国文化元素，邀请中国口碑好且影响力大的当红明星拍摄广告片进行宣传，无一不体现着本地化营销的策略。

（2）跨文化传播：通过跨文化传播，增强品牌的全球影响力。例如，可口可乐的全球统一广告语和品牌形象，使其在不同国家和地区都能传递一致的品牌价值。

通过以上策略和实践，可口可乐成功地在全球范围内占领了用户心智，成为碳酸饮料界的"快乐王者"。这一案例展示了如何通过品牌定位、广告宣传、品牌故事、产品创新、体验营销、社会责任和全球化策略，建立强大的品牌影响力和良好的产品口碑。

占领用户心智和建立产品口碑是企业在激烈市场竞争中脱颖而出的关键。本节通过探讨如何做到垂类第一、讲好品牌故事及可口可乐的案例分析，展示了有效的策略和方法。企业可以通过细分市场选择、产品差异化、品牌定位、用户体验、市场推广和口碑管理等策略，占领用户心智，实现业务的持续增长和发展。同时，通过讲述品牌故事，增强用户的情感共鸣和品牌认同，加快品牌的市场渗透和用户覆盖。可口可乐的成功案例为企业提供了宝贵的经验和启示，展示了品牌建设和口碑管理的巨大潜力和价值。

6.4 掌控卖货节奏，玩转批量发售转化

在电商和零售行业中，掌控卖货节奏和玩转批量发售转化是提升销售业绩和增强用户黏性的关键。本节将探讨如何确立并拆解卖货目标，做好货品盘点，以及如何通过多渠道曝光引流至社群进行批量发售。

6.4.1 确立并拆解卖货目标，做好货品盘点

确立卖货目标是销售活动的起点，它为整个销售过程提供了方向和动力。拆解目标则是将大目标细化为可执行的小目标，确保销售团队能够有条不紊地推进工作。以下是确立并拆解卖货目标，以及做好货品盘点的步骤。

第一步，确立总体目标。

根据公司的战略规划和市场预期，确立总体销售目标。这个销售目标必须是具体（Specific）、可衡量（Measurable）、可实现（Attainable）、相关性强（Relevancy）和具时限性（Time-bound）的。无论是制订公司的业务目标还是员工的绩效目标，都应该遵循 SMART 原则。例如，公司 A 今年增加了

新的生产线，并结合公司 A 的实际经营目标，将 Q3 季度的销售额目标确定为在 Q2 基础上增长 20%，并须达到一个过程指标——新产品 X 上市首月销量达到 10 000 件。

第二步，拆解目标。

将总体目标拆解为季度、月度、周度目标，甚至可以细化到每天、每个时段或每个合作客户的交易目标。例如，如果月度目标是 100 万元的销售额，可以将其拆解为每周 25 万元，每天 3.5 万元，甚至每小时 1 458 元。

第三步，货品盘点。

基于目标，相关人员须对于现有货盘库存进行全面盘点，一方面，确保货品数量、种类和质量满足销售目标的需求，另一方面，也需要考虑季节、产品生命周期等因素，关注货盘等出货情况，及时制订补货计划和清仓策略等，满足销售目标的同时要减轻库存压货等问题。

货品盘点可以考虑以下因素。

1）库存量：确保库存充足，能够支持销售目标的实现。

2）产品组合：分析产品组合，确保热销产品和利润高的产品库存充足。

3）季节性因素：考虑季节性产品的库存需求，如夏季的冷饮和冬季的暖宝宝。

4）促销活动：针对即将到来的促销活动，提前准备足够的货品。

5）清仓活动：及时进行货品库存盘点及清仓促销活动。

以某冰丝席清仓活动为例，从商品盘点分析到清仓活动政策输出。

清仓概况：实际入库数量跟下单数量差值为 800，且 5 月 26 日—6 月 13 日连断 18 天。

原因分析如下。

1. 采购前置期

某冰丝席 3 月底确定品牌商品合作，并在 4 月下旬正式上线，上线后的日均销量为全年峰值——500 件。因前期订货采购数量偏少，后需补货。但因冰席席胚生产需 45 天，之后还有裁切、包边等复杂工艺，生产周期长，既使产能达每天 500 件，到货仍不算及时。

2. 补货节奏

因 5 月补货滞后 (仅于 21 日补货 3 000 件), 且因生产周期长, 因此实际上货时间为 6 月 13 日, 造成黄金销售期长时间断货, 5 月下旬至 6 月中旬产品断货十几天, 即便开启预售仍无法解决问题。5 月 24—25 日在已补货 3 000 件以后又连续补货 10 000 件。待商品入仓销售后, 6 月、7 月乃至 8 月的销售表现呈下滑走势, 其中 6 月的日销量仅为 4 月至 5 月日销量的 7 成, 7 月则下滑至 5 成, 8 月则因季节性原因, 商品销售惨淡, 几乎无有效动销。补货节奏不合理, 再叠加未考虑季节性带来的销售下滑, 以及生产周期长导致错过黄金期等综合因素, 造成货物积压, 须进行清仓处理。

3. 替换商品

为填补该冰丝席 5 月下旬至 6 月中旬断货的损失, 临时引入款式相近另一品牌的冰丝席, 但实际入仓且上线日期为 6 月 21 日, 而在 6 月 13 日前一款冰丝席返场后, 两款同类型商品同时在线, 并未达到引入替换商品的初衷, 实际导致分流, 直接导致增加了 5 000 件的库存压力。

4. 盘货政策

进入 7 月, 大盘规划上线款数升级, 商品库日渐丰富稀释了流量。在补货伊始未考虑大盘政策性变化, 因前期断货问题严重导致前置 2 月输出补货需求, 且主要参照该品销量占比进行补货, 未将大盘货品拓展规模所带来的流量稀释因素考虑到。

基于以上多个因素分析, 因此制订某品牌冰丝席清仓活动——某品牌冰丝席月度销售奖励方案, 具体活动详见表 6-1。

表6-1　某品牌冰丝席月度销售奖励方案

某品牌冰丝席日——领红包送好友, 好友购买冰丝席立减20元, 再返20元	
活动节奏与时间节点	活动宣导时间: 7月18日20点
	活动正式期: 7月19日9:00:00到8月19日23:59:59
	社群宣导: 商品核心卖点需要输出
	线下活动结合: 719会员开放日导览环节商品主推+视频拍摄
	直播运营方案: 资源位露出时间+商品主推

续表

某品牌冰丝席日——领红包送好友，好友购买冰丝席立减20元，再返20元	
业务端口主线	App端：素材推广+直播植入
	社群端：18日，20点商品宣导+商品素材必推展示；19日，围绕商品不同维度展开内容包装，线下开放日商品素材拍摄与传播
活动核心利益点	老会员：领券送好友，购冰丝席可立减20元，邀请好友购买则再返20元
	用户：购博洋冰丝席升级会员，立减20元，再返20元
活动目标	7月19日单日目标：B-1000；A-1500；S-2000；
	7月19日9点到8月19日 23:59:59月度销售目标：B-5500；A-5800；S-6200

第四步，数据预测。

利用历史销售数据和市场趋势分析，预测销售情况，调整库存和销售策略。例如，通过分析去年的销售数据，预测今年夏季的热销产品，并提前备货。

第五步，制订执行计划。

根据拆解后的目标，制订详细的执行计划，明确每个阶段的工作内容和责任人。计划应包括以下内容。

1. 销售策略

确定具体的销售策略，如折扣、赠品、组合销售等。

2. 营销计划

制订线上线下的营销推广计划，明确广告投放、社交媒体宣传、KOL 合作等内容。

人员安排：明确销售团队和客服团队的工作安排，确保各环节顺畅衔接。

第六步，定期进展关注。

定期关注销售进展，及时发现问题并进行调整。

1. 销售数据分析

实时分析销售数据，了解销售趋势和问题。

2. 库存管理

定期盘点库存，确保库存合理。

3. 反馈机制

建立客户反馈机制，了解市场反应和客户需求。

6.4.2　确定卖货推广侧和消费侧利益点方案

要帮助一款新品实现好的销量，从业务方法论的逻辑上来看有如下步骤。

首先，要明确这款产品真正给用户提供的价值，提炼产品卖点。基于用户价值，明确市场用户体量，这个目标制订过程，是战略过程。

其次，基于战略目标，再细分用户分布的渠道和产品的功能卖点，不断强化用户心智。这是策略的过程。

最后，根据策略方向，具体落地执行产品投放、营销种草，通过前期预热引流，正式期再借助直播间、货架、私域加速推广，另借助限时限量冲量玩法带动数据脉冲式提升，促进货品爆发销售等。这是实际的动作执行。

以上，便是爆款商品打造方法。

我当时就是用这套方式引爆了一款智能早教机的单日数百万销售，并带来付费新会员规模突破单日增长新高。

2019 年，我曾负责付费会员运营业务，当时的规则是，用户需购买频道内的商品达到一定金额后方能升级会员。为了提升付费会员规模，我将目标瞄准到一批平台的高消费、高分享行为的潜力用户，其中，一、二线城市里 25 ～ 35 岁年龄段的宝妈群体恰好符合预期。

经过数据分析和测算："早教"是宝妈除了衣食住行外，有明确需求且关注度较高的机会点。选品会上，一款外形蓝粉色的智能早教机正是进行业务探索的契机。因此，经过选品和社群调研，某品牌的专供款早教机成为当时会员爆款活动的主推产品之一。

该品牌智能早教机主打四大卖点，最核心的特点是智能化，产品可根据孩子年龄阶段和学习能力，自动调整难度，并推送教学内容。除此之外，产品还有三个特征：外形可爱，深受孩子喜爱，绘本资源丰富。且本产品年龄段覆盖广，可覆盖 3 ～ 12 岁年龄段。

为了脉冲式提升付费会员规模，活动营销也必不可少，不同阶段的策略有所差异。

预热阶段，项目邀请了具有带货影响力的关键意见消费者（Key Opinion Consumer，KOC）参与商品线下发布活动，鼓励其生产优质商品内容，并进行充分预热传播；还筛选一批有内容生产能力的老会员，给他们寄送试用品，并设置爆款内容激励，鼓励会员生产并传播营销和商品素材，包括不限于图文、短视频等形式。

因此，官方内容运营、带货达人、老会员等角色一并参与，围绕企业背书、商品卖点、直播福利、营销力度、用户评测等多维度生产内容，产生了数十条老会员优质爆款，触达了百万优质老会员和千万潜在会员用户，为正式期引流至直播间进行预热。

会员爆款活动当天，升级为付费会员，可享受双重福利：第一重福利，购买该款智能机器人可以直升会员；第二重福利，买A送B，买就送某品牌线下门店在售的院线级护肤品。进直播间可额外享三大互动福袋：第一，限时限量大额满减券+阶梯售价，前1000组立减100元，1000～2000组立减50元；第二，直播间下单可叠加10～100元不等的限时大额满减红包；第三，基于现场观众数阶梯发红包雨，分享直播间送指定品类券，抽奖赢实物奖品等。

成功邀请新会员的老会员，可享老带新奖励，除此之外，老会员可享高比例销售佣金、爆款内容生产激励等丰厚奖励。通过奖励提升老会员积极性，让其有动力邀请进直播间蓄势。

全方位布局资源位，用户可点击进入直播间，参与直播间抢券下单活动，在品类采购为用户科普产品知识、分享使用体验。

当天，基于直播领下单的单品交易达数百万元，全站流量加持下，付费新会员规模突破单日增长新高。

6.4.3 多渠道曝光引流至社群进行批量发售

通过多渠道曝光引流至社群进行批量发售，可以有效提升销售转化率和用户黏性。以下是具体步骤和方法。

第一步，多渠道曝光。

通过多种渠道进行品牌和产品的曝光，吸引潜在客户的关注。主要渠道包括以下几种。

社交媒体：利用微博、微信、抖音、快手等媒体端口平台进行品牌宣传吸引粉丝关注。

搜索引擎优化（Search Engine Optimization，SEO）：优化网站内容，提升在搜索引擎中的排名，增加自然流量。

付费广告：通过广告平台，比如穿山甲等平台投放精准广告，吸引目标用户。

内容营销：通过博客、视频、直播等形式，提供有价值的内容，吸引用户关注社交媒体账号，与粉丝产生积极互动。

第二步，引流至社群。

将多渠道曝光获取的流量引导至品牌的社群中，建立紧密的用户联系。主要方式如下。

二维码引导：在社交媒体和线下活动中，使用二维码引导用户加入社群。

活动引导：通过举办线上线下活动，如抽奖、秒杀、限时优惠等，吸引用户加入社群。

内容引导：通过发布有吸引力的内容，引导用户关注和加入社群。

第三步，社群运营。

通过社群运营，增强用户黏性和参与感，提高批量发售的效果。主要措施如下。

互动交流：定期在社群中与用户互动，解答疑问，分享品牌故事和产品信息。

用户激励：通过会员专享活动等方式，激励用户积极参与社群活动。

内容分享：定期分享有价值的内容，如产品使用技巧、客户故事、品牌动态等，增强用户对品牌的认同感。

第四步，批量发售策略。

在社群中进行批量发售，提升销售转化率。主要策略如下。

限时抢购：设定限时抢购活动，制造紧迫感，刺激用户购买。

新品首发：在社群中优先发布新品，吸引核心用户购买，形成口碑效应。

组合销售：推出组合销售优惠，增加客单价和销售额。

预售模式：通过预售模式，提前锁定销量，减少库存压力。

第五步，效果评估与优化。

定期评估多渠道曝光和社群运营的效果，优化销售策略。主要方法如下。

数据分析：通过分析销售数据、用户反馈、社群活跃度等指标，复盘活动效果。

持续优化：根据评估结果，持续优化销售策略和社群运营方法，提升销售转化率和用户满意度。

通过以上步骤，企业可以有效掌控卖货节奏，提升批量发售转化率，实现销售目标的持续增长。在激烈的市场竞争中，灵活运用多渠道曝光和社群运营策略，不仅能增强品牌影响力，还能建立密切的用户关系，为企业的长期发展奠定坚实基础。

运富

联动公私域：优质内容
撬动吸粉和赢利

第 7 章

7.1 常见主流新媒体平台概况及用户偏好

7.1.1 常见主流新媒体平台的战略、商业模式、赢利模式对比

优质内容作为流量的神奇密码，在流量获取和吸粉赢利方面起着非常关键的作用，什么样的内容能够让品牌最大程度吸引到流量，获得尽可能多的收益？不同的新媒体平台的规则很大程度上决定了用户运营的业务战略、策略及打法。那么常见的主流平台都有哪些？主流媒体平台的发展也经历了长时间的沉淀和变迁。

就当前而言，抖音、视频号、小红书、快手、微博等平台，是目前炙手可热的主流新媒体平台，这些平台活跃着过亿的用户群体和大规模的达人，这些资源吸引着品牌商家的关注，以及服务商的入局。因此，接下来我们会对这些主流新媒体平台的战略、商业模式、赢利模式进行拆解对比，从底层逻辑上进行理解，这很大程度上能够帮助企业结合自己的业务现状和目标，选择匹配的平台深耕，商业化赢利也更有赢面和确定性。

作为用户运营者须认识到，就达人而言，不同个体的动力和需求不同，所处发展阶段不同，成长目标和发展路径都会有所差异。引导达人成长最核心的是达人动力，影响达人动力的核心部分为收益和荣誉感，其中收益的本质是提升达人的流量和收入，荣誉感的本质是提升达人的价值感和影响力。

不管中小微企业是什么发展方向，清晰了解业务模式、赢利模式、商业模型，会帮助用户运营选择可深耕的媒体平台，对于企业发展更有助力。

从业务模式看，达人的核心赢利方式有两种，分别是广告和带货。就广告而言，核心是以一口价为主的商单广告；就带货而言，核心是以佣金为主，这是广告主按照效果付费的结算方式。平台按照商品成交金额收取佣金，核心是为获取多元化站外流量，为广告主和推广者提供连接服务，并带来交易增量。

从赢利模式看，对于达人和主播而言，带货赚佣金和广告收入模式有所差异。带货赚佣金是达人和主播基于每一单推广成交收取佣金，平台、

MCN 按照每一单收取服务费，且根据达人和主播的等级不同会有所差异。带货赢利模式在一定程度上激励达人和主播推广商品的积极性，会通过直播、短视频和图文挂链等方式，如抖音电商小黄车，植入广告主商品，进而获取成交报酬，直播间成为流量转化较为高效的场景。达人和主播等级不同，获得的佣金不同，这也能够激励其不断提升创作内容、推广能力及体系内的等级级别。广告收入模式是达人、主播基于每一个商单赚取坑位费或广告费抽成，核心是基于达人、主播本身的商业价值量化单条广告费用价格。

从商业模型看，兴趣电商和货架电商有所区别，以抖音平台为例，着手打通全域电商，全面打通商业赢利通路。一方面通过人找货的货架电商，达人通过橱窗等通路进行商品赢利；另一方面为了满足用户需求，通过基于内容推荐为主导的兴趣电商形式带来多样化的流量，如借助短视频、图文等积累粉丝，通过直播场景进行流量商业价值转化。中小微企业可通过自身或合作伙伴的供应链基础对流量粉丝进行承接转化赢利。

如何选择合适的媒体平台进行深耕投入是中小微企业，包括主播和达人及品牌方等，需要了解的重要事项。

对用户运营而言，可以为品牌方选择匹配的内容平台，并通过达人营销和信息流广告达到品牌推广、品效合一及引流吸粉等目标。达人营销成为提升品牌实现多元化需求不可或缺的选择。如何提升达人投放效益和投放产出比，也成为用户运营关注的关键事项。了解并持续关注主流媒体平台的平台定位、赢利模式对做出成本投入决策尤为关键，详见表 7-1。

表7-1　常见主流媒体平台定位、赢利模式对比

	平 台 定 位	赢 利 模 式
抖音	以拓展短视频内容生态为基础，打通货架电商和兴趣电商为一体的全域电商	广告收入、商单合作、电商抽成
视频号	依托微信生态，强化社交驱动的真实生活社区	广告收入、电商、直播；引流至小程序、公众号、企业微信
小红书	打造社区"种草经济"电商，深化品牌合作的生活经验指南分享社区	广告收入、品牌推广、电商佣金

续表

	平 台 定 位	赢 利 模 式
快手	深耕下沉市场，致力于打造一个普通人分享平台	广告收入、直播电商、泛货架电商
新浪微博	强化社交热点，随时随地发现新鲜事的热搜平台	广告收入、会员订阅、粉丝头条

7.1.2 常见主流新媒体平台的达人、粉丝群体画像与激励政策

既然知道了这些新媒体主流平台的战略，商业模式及赢利模式，那么接下来必须要清楚地知道，在这些新媒体平台不同环节的商业角色，所呈现的画像机制是怎么样的。

我们接下来就针对这些环节中最重要的角色——达人、粉丝这两大群体进行画像的拆解及激励政策的拆分。达人和粉丝，在整个商业的链条中承担着不同的角色，基于不同的角色，又有着差异化的竞争目标，建立着差异化的相对优势壁垒。那么接下来我将为大家分析抖音、视频号、小红书、快手、微博这5家主流新媒体平台的生态角色。

1. 用户画像

抖音、视频号、小红书、快手、新浪微博这5家主流新媒体平台的达人和粉丝画像对比，详见表7-2。

表7-2 常见主流媒体达人、粉丝画像对比

	达 人	粉 丝
抖音	年轻化、多元背景、创意性强、内容感染力强	年轻用户、爱好娱乐、互动性强，截至2014年12月，抖音日活用户突破7亿，男女比例平衡，女性（52%）略高于男性（48%），主要集中的年龄段为15～35岁（比例超过六成）
视频号	内容创作者、社交达人、行业专家	微信用户、社交活跃、重视分享，2025年初，视频号日活用户规模突破5亿，依托微信，女性用户占比约为六成，男性用户占四成，用户多为26～40岁
小红书	生活达人、时尚博主、意见领袖	女性用户、注重品质，消费能力强，截至2024年中，月活3.21亿，男女比例为3∶7，用户以年轻人为主，"90后""95后""00后"占比超85%

续表

	达　人	粉　丝
快手	草根明星、搞笑创作者、地方达人	下沉市场、互动积极、社区参与度高，2024年第四季度，快手平均月活达7.36亿，男女比例均衡，男性略多，以年轻人为主，35岁以下用户占绝大多数
新浪微博	明星、公众人物、话题引领者	新闻敏感、社交活跃、关注热点，2024年微博月活5.87亿，女性用户达55%，是年轻人社交互动的重要媒体

2. 等级机制

抖音、视频号、小红书、快手、新浪微博这5家主流新媒体平台的等级机制对比，详见表7-3。

表7-3　常见主流媒体达人等级机制对比

	达　人
抖音	以抖音生活服务创作者内容力等级为例，内容力等级基于创作者通过生活服务相关视频，获取的视频有效播放量进行划分，划分为8个级别（Lv.0～Lv.7），其中Lv.7视频有效播放量区间为[4 500万，5 000万+]，Lv.6为[750万，4 500万]等
视频号	基于粉丝数要求划分为Lv.1～Lv.5 5个等级，其中Lv.4为万粉阶段，拥有1万以上粉丝且需认证，Lv.5为百万粉丝阶段，除拥有100万以上粉丝外且需认证
小红书	小红书达人等级分为8大等级，主要划分依据为粉丝数，每达到新的等级便会解锁新的权益，达到粉丝阶段为500～1 000时，可参与"博主合作"等，如要达到最高等级，粉丝段为100万及以上
新浪微博	根据粉丝数量、铁粉指标、近30天阅读量指标等进行分级，其中橙V规则为账号质量铁粉指标≥100，近30天阅读量指标由100万下调至30万，粉丝量≥1 000，且已认证黄V；金V则要铁粉数≥1 000，近30天阅读量≥1 000万，粉丝量≥1万，且已认证黄V。其中金V特权可享广告分成、商业权益、运营推荐、高级运营专员对接等

3. 激励赢利

抖音、视频号、小红书、快手、新浪微博这5家主流新媒体平台的激励赢利对比，详见表7-4。

表7-4 常见主流媒体达人、粉丝激励赢利对比

	达　人	粉　丝
抖音	星图商单、广告分成、全民任务、直播打赏、电商带货收益、团购带货、站外激励、专属会员、视频赞赏等	参与互动、获得奖励（如虚拟礼物）、观看优质内容、短剧推广等
视频号	内容分成、流量扶持、带货中心、品牌合作机会、视频赢利任务、直播收入、直播游戏任务等	社交互动、内容付费体验、活动奖励（如抽奖）
小红书	品牌合作、流量扶持、内容创作奖励、作者任务等	种草内容分享、参与互动、社区内容活动奖励
快手	直播打赏、品牌合作、商单合作、内容分成、激励活动、平台补贴、快手小店带货赚佣金	参与直播互动、获得奖励（如虚拟礼物）、观看娱乐内容、参与拉新活动
新浪微博	广告代言、品牌合作、内容分成、粉丝订阅、付费专栏、直播打赏、付费问答等	参与话题讨论、完成全员任务、获得互动奖励（如转发抽奖、粉丝红包）、关注明星动态等

7.1.3　常见主流新媒体平台的流量赢利

在常见的主流新媒体平台要通过流量进行转化赢利，极大程度受到这些媒体平台所处的业务发展阶段和业务目标影响。业务建设早期，靠流量完成赢利和资本原始积累的优先级较低，但仍须提前布局主流的业务引流和赢利模式，如商单合作、直播打赏及带货等都是常见的赢利形式。

那么在各家主流新媒体平台里面，到底是怎么赢利的，我们作为生态角色中的一环，用户运营如果能够更好地直观了解这些环节，那么更有利于做好自己的一些决策。这些决策往往也决定了中小微企业在竞争中是否具有优势。那么接下来我将从抖音、视频号、小红书、快手、微博这5家主流的新媒体平台，以不同的角色进行分析，分别从平台侧、达人侧来分析如何让流量赢利，如何更好地对流量进行承接转化，为自己的商业化目标进行服务。抖音、视频号、小红书、快手、微博这5家主流新媒体平台的活动激励对比，详见表7-5。

表7-5 常见主流媒体达人流量转化赢利对比

主流媒体	流量转化	平台侧	达人侧
抖音	通过短视频内容吸引用户，结合直播和电商，实现高效赢利	广告投放、直播带货、品牌合作	内容创作收入、直播打赏、电商带货、任务赢利、团购带货、商单广告收入
视频号	依托微信生态，将用户从内容消费转化为服务和产品购买	广告收入、流量分成、付费内容	直播做游戏任务、创作分成计划、视频赢利任务、互选平台等
小红书	通过优质内容吸引用户，结合社区氛围，推动电商和品牌销售	广告、品牌合作、佣金分成	内容创作收入、品牌代言、直播电商、作者任务
快手	利用高互动性和社区氛围，将用户流量转化为电商和广告收入	广告投放、电商抽成、直播打赏	直播收入、品牌合作、电商带货、激励活动、内容分成
新浪微博	通过热点话题和明星效应吸引流量，结合广告和内容合作，实现赢利	广告收入、粉丝头条、会员服务	广告代言、品牌合作、内容付费、直播收入、内容激励、粉丝订阅等

本节通过对于常见主流平台的战略、商业模式、赢利模式这3点的分析，从底层上对这些平台进行对比分析，针对达人、粉丝这两个生态角色中的关键环节，对所有的画像及激励策略进行对比分析。除此之外，还分析了这些平台的流量转化赢利的方法，也为大家解决了一些信息差问题。

这样，如何通过这些平台更好地赚钱，会变得更加直观。如何让这些平台的资源为自己所用，学会借势，学会借力打力，便是当前非常重要的基础能力。既然了解了这些基础的信息，接下来咱们就专门讲一下这部分内容。

7.2 根据平台特性打造新媒体内容矩阵

随着流量来源类型多元化，新媒体平台内容成为高性价比、高投产比的通道，用户运营的能力结构不再局限于基础市场投放，而已延伸至达人主播运营、内容生产投放引流等。当然，有些中小微企业也专门将这些能力细分到对应的职能岗位上。

如果你还没有想好怎么去选择合适的平台进行引流，那么你可以测试，

157

通过在不同平台发布内容后的数据表现和反馈，你可以知道自己所擅长的内容，以及哪些内容能够被对应的平台所接受，获得流量、用户互动，从而有一个比较好的数据测试结论。

想要打造一个新媒体内容矩阵，用户运营必须学会制作不同的内容载体，包括但不限于直播、短视频、图文等形式，下面我将重点讲述直播电商及短视频这两种新型的内容形式。

7.2.1 直播电商重构新媒体行业后带来新生机

直播电商已经成为电商行业的重要业态，吸引了大量消费者和商家。2016 年起，各大电商平台和社交媒体纷纷推出直播功能，借助主播和达人的影响力，实现了直播间场景中主播和粉丝的及时互动，带来直播打赏和购买转化。2016 年 4 月，淘宝直播正式上线，拉开了直播电商的序幕，时隔 9 年，2025 年 4 月，直播电商市场规模仍在持续扩大，涵盖了汽车、餐饮、服装、家居等各大行业，已然成为中小微企业品牌推广和销售的基础建设不可忽视的重要通道。

1. 直播电商的发展

直播电商迅速崛起，凭借其即时性、互动性和场景化特点，打破了传统购物的时空限制，增强了用户体验。从最初的娱乐化购物，到现在的专业化、产业化发展，其商业模式和技术手段不断升级，带动了上下游产业链的发展，直播电商成为数字经济的重要组成部分。

2. 直播电商的业务走势

未来，直播电商业务将呈现多样化和精细化趋势。一方面，将继续深化与社交媒体、电商平台的融合，拓展更多应用场景；另一方面，将依托人工智能、大数据等技术，实现精准营销和用户画像，提升购物体验。此外，随着监管政策的逐步完善，直播电商将向规范化和诚信化方向发展，进一步赢得消费者的信任。

在这个红海中是否还能够抓住商机，为自己的商品或者自己的账号带来更多的赢利机会？接下来我将会从主流的电商内容平台切入进行分析，对抖

音直播、淘宝直播、视频号直播、快手直播、微博直播这 5 家平台进行 SWOT
对比分析，详见表 7-6。

表7-6 常见主流媒体直播SWOT对比

	优 势	劣 势	机 会 点	挑 战
抖音直播	用户基础广泛、算法推荐精准、互动功能强大	内容同质化严重、竞争激烈	短视频导流、跨平台合作、深耕垂直领域	保持内容创新、提高用户黏性、应对政策监管
淘宝直播	电商生态完备、用户购买意图强、KOL效应明显	娱乐性不强、用户增长放缓	拓展内容品类、结合品牌营销、开拓国际市场	提高内容吸引力、增强用户互动、维持高转化率
视频号直播	依托微信生态、社交链传播、流量转化率高	起步较晚、用户习惯培养需时日	社群营销、与公众号和小程序联动、增强支付和交易功能	提高用户留存、优化推荐机制、优化内容创作者生态
快手直播	强互动性、用户黏性高、社区氛围浓厚	广告赢利能力弱、品牌定位草根化	深耕下沉市场、发掘本地特色内容、与电商深度结合	品牌升级、增加高质量内容、拓宽赢利渠道
微博直播	社交属性强、热点传播快、明星效应显著	用户活跃度相对较低、直播生态不够成熟	热点事件直播、与明星和大V合作、引入多样化内容	提升直播内容质量、增强用户互动、增加日活用户量

7.2.2 短视频平台风口带来的机会与挑战

短视频作为流量快速聚集的商业模式，快速吸引了大量用户的注意力，
提升了使用时长。一些以短视频平台为核心模式的流量平台，比如抖音、快
手等平台迅速破圈，成为内容媒体商业巨头。

中国互联网络信息中心 CNNIC 发布的《第 53 次中国互联网发展状况
统计报告》显示，截至 2023 年 12 月，我国网民规模达 10.92 亿人，手机网
民规模达 10.91 亿人，短视频用户规模为 10.53 亿人，较 2022 年 12 月增长
4 145 万人，占网民整体的96.4%，可见短视频火爆程度。详见图 7-1、图 7-2、
图 7-3。

◇ 截至 2023 年 12 月，我国网民规模达 10.92 亿人，较 2022 年 12 月增长 2 480 万人；互联网普及率达 77.5%，较 2022 年 12 月提升 1.9 个百分点。

◇ 截至 2023 年 12 月，我国手机网民规模达 10.91 亿人，较 2022 年 12 月增长 2 562 万人，网民使用手机上网的比例为 99.9%。

图7-1　《第53次中国互联网发展状况统计报告》部分示意图

◇ 截至 2023 年 12 月，我国网络视频用户规模为 10.67 亿人，较 2022 年 12 月增长 3 613 万人，占网民整体的 97.7%。其中，短视频用户规模为 10.53 亿人，较 2022 年 12 月增长 4 145 万人，占网民整体的 96.4%。

图7-2　《第53次中国互联网发展状况统计报告》部分示意图

应用	2023.12 用户规模（万人）	2023.12 网民使用率	2022.12 用户规模（万人）	2022.12 网民使用率	增长率
网络视频（含短视频）	106 671	97.7%	103 057	96.5%	3.5%
即时通信	105 963	97.0%	103 807	97.2%	2.1%
短视频	105 330	96.4%	101 185	94.8%	4.1%
网络支付	95 386	87.3%	91 144	85.4%	4.7%
网络购物	91 496	83.8%	84 529	79.2%	8.2%
搜索引擎	82 670	75.7%	80 166	75.1%	3.1%
网络直播	81 566	74.7%	75 065	70.3%	8.7%
网络音乐	71 464	65.4%	68 420	64.1%	4.4%
网上外卖	54 454	49.9%	52 116	48.8%	4.5%

图7-3　《第53次中国互联网发展状况统计报告》部分示意图

以抖音为例，2023 年抖音电商作者峰会上，抖音电商总裁魏雯雯公布了抖音创作者数据。这一年，884 万抖音电商创作者通过直播、短视频、橱窗等多渠道获得了收入，有 515 万人成了新的抖音电商创作者，这是该创作群体的职业化发展的有力例证。整个达人生态增速显著，入局者数量和收益规模都在日趋增长。

接下来，我将用 SWOT 全面分析抖音、视频号、小红书、快手、B 站这 5 家新媒体平台的竞争优势、劣势、挑战及机会点，详见表 7-7。在差异化平台中，用户运营应该进行自我定位，找到适合自己定位的平台，并及时抓住风口中的机会点进行突围，让自己立于不败之地。

表7-7　短视频主流平台SWOT对比

	优　势	劣　势	机　会　点	挑　战
抖音	庞大用户基础、算法推荐精准、互动功能强	内容同质化、用户增长放缓	短视频电商、国际市场拓展、跨平台合作	内容创新、用户留存、政策监管
视频号	依托微信生态、社交传播强、用户黏性高	起步晚、内容生态不成熟	与公众号联动、社群营销、支付功能优化	用户习惯培养、内容多样化、提升推荐机制
小红书	社区氛围浓厚、优质内容、多样化生活方式分享	用户规模相对较小、电商赢利能力有限	品牌合作、内容电商、跨境电商拓展	扩大用户群体、提升内容吸引力、应对内容监管
快手	强互动性、高用户黏性、社区文化深厚	品牌形象草根化、广告赢利能力弱	下沉市场、特色内容挖掘、电商整合	品牌升级、内容质量提升、多元化赢利
B站	年轻用户群体、社区文化、UGC优质内容	内容审核严格、用户群体相对小众	泛娱乐内容拓展、直播电商、跨界合作	内容扩展、商业化探索、用户增长

7.2.3　从0到1搭建企业内容引流矩阵

如何从 0 到 1 搭建企业的内容引流矩阵，无疑是当前最重要的事项。从企业的战略定位来看，对于不同业务，生态环节中的达人、客户均需要去解决流量的问题。有一个好的内容引流矩阵，则可以事半功倍。

什么是内容矩阵？通过以短视频为主，直播、图文形式为辅的内容形式，基于中小微企业的战略目标、策略及打法，对内容进行定位，围绕目标用户受众需求痛点，生产相关的内容素材，基于传播的角度，通过多个账号对同一品牌 IP（ Intellectual Property，品牌独有知识产权）进行观点阐述、剪辑拍摄，并整合成多种形式，完成多视角的内容分发和传播。

那如何搭建一个可持续发展且可持续引流的内容矩阵？我将分为 3 个步骤来拆解。

用户运营可将企业内容引流矩阵分为 3 个步骤，从 0 到 1 完成搭建。

第一步，账号测试，找准定位。

首先在不同新媒体平台注册多个账号，对这些账号需要进行冷启动测试，通过不同的话题生产差异化的内容，找到流量较好的账号，并定位到该账号所属的平台、潜在目标用户画像、内容互动情况等信息进行测试，通过多轮测试，找到自己的定位，比如跨境电商、财经、读书分享、女性成长等，可以匹配受众的垂直赛道，如小红书的女性成长类型账号非常容易获得平台用户认可，并获得流量资源。找准账号方向和受众平台后，账号内容也需要围绕 IP 打造等方向去设计，比如做女性成长账号，可以持续输出自己的所见所闻及观点，比如做财经账号，可以做行业赋能，持续输出关于财经和行业的观点和见解等。

除了进行账号测试，还需要找到一些问题的答案。比如，用什么形式拍摄？内容如何把控？一个账号起盘时间预计多久？投入人力、时间、预算分别是多少？如何找到盈亏平衡点？赢利路径和商业模式如何闭环……这些问题未必能够在这一阶段找到明确答案，但是也需要尽快摸索，得出结论。

第二步，账号启动，深耕内容。

基于第一轮测试的结果，对于优质账号内容进行深耕，围绕定位生产多个主题相关的内容，并通过投放流量等方式扩大账号爆款内容的影响力，提升整个账号的传播价值。

按照一定的标准化拍摄模式，给 IP 批量拍摄上百条素材，然后对已完成拍摄的视频进行规模化混剪，选择 10 个及以上账号发布短视频，形成内容矩阵，推进账号平稳运营。对于数据优质的账号进行适当流量投放，撬动内容曝光规模，给账号做持续的粉丝引流。

在这个过程中，内容是根本的要素。因此用户运营需要对内容进行多维度把控。

（1）内容目标受众明确。为了创作更优质的内容，我们可以在创作前多问自己几个问题，深入思考。如，账号内容面向的用户群体是谁？这些用户的根本需求是什么？什么样的观点能够引发他们的共鸣或情绪？如何表达并传递内容，能够激发用户的互动和分享欲望？把以上问题想清楚，往往更能让内容找到流量的密码。

（2）内容重点围绕受众的需求点和痛点深入展开。我们在生产内容的同时，既要了解目标受众的需求点和痛点，也要了解人性。以全职宝妈这一群体为例，全职宝妈常因为没有收入，家庭经济话语权少，因此她们有开启副业，为自己带来收入的诉求。对于这类目标群体，生产的内容可以结合她们生活中遇到的实际场景，描述具体的痛点，动之以情、晓之以理，仿佛说的正是她们切实的经历和现状！这些说出了全职宝妈的心声就可以引起共鸣！

（3）视频黄金开场。一条视频能否成为爆款，吸引眼球的黄金开场发挥着不容小觑的作用。可以通过多样化的拍摄手法、创意混剪等方式，提高开场视频内容的多样性、灵活性、新颖创意度。

第三步，批量运营，全网传播。

账号冷启动成功后，就可以开始批量化注册同类别账号，通过内容矩阵进行批量化、规模化的生产制作，输出大量带有观点且有不同视角的差异化内容，再进行分发传播，强化其在平台的传递，让 IP 的定位清晰而深刻，使之深深刻进受众的脑海。这样，一个 IP 的强定位便初步成功了。除此之外，内容切片和分销授权，都是批量运作全网传播的常见方式，将这些爆款切片内容授权给其他关联账号发布，多账号、多次、多轮持续发酵，使热度不断攀升，用户心智就潜移默化形成了。

以上这 3 个步骤可以帮助中小微企业解决内容引流矩阵的搭建问题。

想要让引流矩阵持续性为企业带来复利价值，也非常考验内容本身的质量。一个有价值的干货，一个有争议性的话题，一个清晰又明确的观点，都是非常好的内容。

7.3 内容营销矩阵吸引用户的核心要点

7.3.1 搭建内容营销矩阵的5大基础步骤

内容营销矩阵是一种系统化的内容策略，通过针对不同形式、渠道和受众群体的内容的交织，形成一个完整的营销生态。它的核心价值在于能够覆盖广泛的用户群体，提升品牌影响力和用户黏性，从而实现商业目标。下面，我们将详细介绍搭建内容营销矩阵的 5 大基础步骤。

1. 内容营销矩阵定义

内容营销矩阵是指企业或个人在多个平台上，通过不同形式的内容（如文字、视频、图片、音频等）的组合或交叉推广，形成一个层次丰富、相互关联的内容生态系统。其目的是最大化内容的覆盖面和影响力，提升品牌认知度和用户参与度。

2. 内容营销矩阵搭建的 5 个步骤

步骤一：新账号测试冷启动。

① 市场调研与定位：在搭建内容矩阵之前，首先要进行市场调研，确定目标受众群体及其需求和偏好。

② 平台选择：根据目标受众的分布情况，选择合适的内容发布平台（如微信、微博、抖音、B 站等）。

③ 内容规划：制订内容规划，包括内容主题、形式和发布频率，确保内容与目标受众需求匹配。

④ 小规模测试：在冷启动阶段，通过对小规模发布内容进行测试，观察用户反馈和互动数据，不断优化内容策略。

步骤二：爆款优质内容打造。

① 选题策划：根据目标受众的热点和兴趣，策划具有爆款潜质的选题。

② 优质内容制作：在内容制作过程中，注重内容的原创性、专业性和趣味性，确保内容质量。

③ 引流推广：通过各类引流手段（如合作推广、社交媒体广告、KOL 推荐等），扩大内容的传播范围。

④ 数据分析：发布后，及时监测内容的表现，通过数据分析确定哪些内容具有爆款潜质，为后续内容优化提供依据。

步骤三：内容账号矩阵搭建。

① 账号布局：在多个平台上搭建内容账号矩阵，确保内容覆盖不同受众群体。

② 品牌统一：各平台账号的内容风格和品牌形象要统一，确保品牌的一致性和识别度。

③ 内容协同：各账号发布的内容要有机协同，通过内容互动和交叉推广，提升整体影响力。

④ 粉丝运营：注重各平台粉丝的运营，通过定期互动、福利活动等方式，提升粉丝黏性和忠诚度。

步骤四：矩阵内容分发机制。

① 分发策略制订：根据不同平台的特点和用户习惯，制订内容分发策略，确定各平台的内容形式和发布频率。

② 内容复用与二创：将核心内容在不同平台进行复用和二创，适应不同平台的内容消费习惯，提高内容生产效率。

③ 多渠道推广：利用自有渠道、合作渠道和付费渠道，进行多维度内容推广，提升内容的曝光度和传播效果。

④ 实时监控与调整：实时监控内容分发效果，根据数据反馈及时调整分发策略，优化内容传播路径。

步骤五：矩阵内容商业赢利。

① 流量赢利：通过广告、付费内容、会员服务等方式，将流量转化为收入。

② 电商赢利：借助内容矩阵，引导用户进行产品购买，实现电商赢利。

③ 品牌联动：与品牌进行联动合作，通过定制化内容营销，获取商业收益，双赢联动。

④ 用户"资产"赢利：利用内容矩阵积累的用户"资产"，进行深度分析和挖掘，为企业决策提供支持，并通过用户服务实现赢利。

3. 总结

搭建内容营销矩阵需要系统规划和持续优化，从新账号测试冷启动到爆款优质内容打造，再到内容账号矩阵搭建和矩阵内容分发机制的制订，最终实现内容的商业赢利。每一步都基于深入的市场调研和精细化的运营策略，通过不断的数据分析和优化，实现从 0 到 1 的突破，并进一步实现从 1 到 N

的飞跃。内容营销矩阵不仅能带来流量、提升品牌的影响力和用户黏性，还能为企业创造实实在在的商业价值。

7.3.2 内容矩阵持续吸引用户的5个核心要点

在内容营销领域，内容矩阵作为一种多维度的内容战略，能够有效吸引并留住用户。以下将通过5个要点，分析内容矩阵如何持续吸引用户。

1. 内容矩阵价值分析

内容矩阵的价值在于其系统性和多样性，通过在不同平台和渠道上发布不同形式的内容，使内容的触达范围最大化，并满足用户的多样化需求。同时，内容矩阵还可以增强品牌的一致性和整体影响力，提升用户黏性和忠诚度，从而实现长期的商业目标。

（1）广泛覆盖：通过多平台、多形式的内容分发，覆盖更多潜在用户，迅速抢占市场流量。

（2）多样化呈现：利用不同内容形式满足用户多样化需求，增强用户体验。

（3）提升品牌认知：通过持续、高频、系统化的内容观点输出，在用户心智中逐步建立品牌 IP 形象和认知，持续产生品牌势能。

（4）增强用户黏性：通过在不同平台发布的内容中设置"钩子"、表达观点，引起用户共鸣或讨论，形成广泛讨论、互动，增强用户黏性。

（5）突破流量瓶颈：一个品牌 IP 多个账号发布，可以让优质的内容多次曝光，解决了单条爆款视频的流量生命周期较短的难点，让爆款内容持续曝光引流。

（6）实现商业赢利：通过内容矩阵的精细化运营，在降低目标用户触达成本的同时完成商业化的流量赢利转化闭环。

2. 内容矩阵持续吸引用户要点

要点一：精准的用户定位与内容定制。

精准的用户定位是内容矩阵成功的基础。了解用户的兴趣、需求和痛点，才能制作出符合他们需求或让他们感兴趣的内容。例如，某职业教育公司通过分析用户数据发现，很多用户关注职业发展相关内容，于是定制了系列职业技能提升课程，通过专业的内容赢得了大量用户的关注和好评，当然也有非常多的用户为之买单。

案例7-1：

某健康品牌通过用户调研发现，目标用户主要关注健康饮食和运动，于是推出了系列健康食谱和运动指导视频，吸引了大量关注健康生活的用户。

要点二：多样化内容形式与平台覆盖。

不同用户偏好不同的内容形式，有些喜欢短视频，有些则偏爱长文深度阅读。通过在多个平台上发布不同形式的内容，可以覆盖更多潜在用户。

案例7-2：

某时尚品牌在抖音发布短视频，在微信发布图文，在B站发布长视频，形成了全方位的内容覆盖，吸引了大量时尚爱好者进行购买。

要点三：高质量内容与持续输出。

高质量内容是吸引和留住用户的关键。只有不断输出高质量的内容，才能保持用户的关注和参与。内容的专业性、原创性和实用性是衡量高质量内容的3个重要标准。

案例7-3：

某科技媒体通过定期发布科技新闻的深入分析和原创科技评论，逐渐建立了权威的科技媒体形象，吸引了大量科技爱好者的长期关注和互动反馈，也反向提供了较丰富的话题素材，形成正向闭环。

要点四：用户互动与反馈机制。

与用户的互动和反馈是提升用户黏性的关键。用户运营通过多平台的互动机制设计，如评论区互动、直播互动、社群互动等，可增强用户的参与感和归属感。同时，及时收集用户反馈，调整内容策略，确保内容持续满足用户需求。

案例7-4：

某职业技能培训企业，通过定期举办线上答疑直播，与用户进行实时互动，收集用户的问题和反馈，并根据反馈调整课程内容，提升用户的学习体验和满意度。

要点五：数据分析与内容优化。

通过数据分析，监测内容的表现和用户的行为，持续优化内容策略。用户运营可使用数据分析工具，了解用户的偏好、行为和反馈，根据数据结果调整内容方向和发布策略，确保内容持续满足用户需求，提升内容的吸引力和转化率。

案例7-5：

以某美妆账号为例，其用户对于护肤品评测类视频的关注度最高，相关视频用户互动数据表现远高于其他类型视频，于是该账号提升了对于护肤品评测这类内容的制作规模和发布频率，最后提升了用户的观看时长和植入营销商品的购买转化率。

内容矩阵作为一种系统化、多维度的内容战略，通过上述5个要点，能够持续吸引并留住用户。企业可以借助这些要点，不断优化内容，提升品牌影响力和用户黏性，实现长期的商业目标。

7.4 爆款内容策划与生产

7.4.1 内容生产来源从PGC>UGC>AIGC的转变

随着内容产业的不断发展，内容生产的来源和形式也在不断演变。从专业生产内容（PGC）到用户生成内容（UGC），再到人工智能生成内容

（AIGC），每个阶段都有其独特的要求和应用场景。以下将详细探讨这些内容生产方式及其转变。

1. 内容生产的3种来源

内容生产的来源主要分为3种：专业生产内容（Professionally Generated Content，PGC）、用户生成内容（User Generated Content，UGC）和人工智能生成内容（Artificial Intelligence Generated Content，AIGC）。

（1）专业生产内容（PGC）：由中小微企业、服务机构生产的内容，通常质量较高，且具有较强的专业性。主要应用于有高质量和专业性要求的内容应用场景，如新闻媒体。

（2）用户生成内容（UGC）：由普通用户生产的内容，形式多样，具有较强的互动性和真实感。主要应用于社交平台、社区论坛等互动性强的场景。

（3）人工智能生成内容（AIGC）：由人工智能技术生成的内容，能够大规模、快速地产生多种形式的内容。主要应用于需要高效生成大量内容的场景，如商品描述、内容评论等。

2. 不同内容生产形式的内容要求

1）专业生产内容（PGC）

① 内容适用场景

对质量、可靠性和深度有要求的场景，如专业信息传递和品牌形象塑造。

② 内容生产要求

专业性、原创性、深入挖掘主题，并提供具备深度的见解和分析，确保质量可靠。

③ 内容生产模版参考

新闻报道：采用倒金字塔结构，头条简要概括，客观描述事件背景及发展情况。

专题文章：结构包含导语（引起兴趣）、正文（详述主题）、结论（总结要点提出看法）。

④ 内容质量标准

准确性：所有信息必须经过验证，确保准确无误。

可信性：引用权威来源，并提供参考文献或数据支持，增强内容可信度。

可读性：语言表达清晰简洁，逻辑结构合理，便于读者理解。

2）用户生成内容（UGC）

① 内容适用场景

参与度高、多互动性、多样化和真实性强的场景，比如论坛互动。

② 内容生产要求

内容激励机制：设置内容生产激励机制，引导用户生产优质内容，鼓励用户积极参与互动，生产内容要有趣、有吸引力，激发用户的创作欲望。

内容形式多样性：包括文字、图片、视频等，内容真实可信，反映用户真实想法和感受。

③ 内容生产模版参考

社交媒体帖子：简洁生动，配以高质量图片或视频，引导用户点赞、评论、分享。

用户评论与评价：包括总体评价、优缺点分析、使用体验和建议。

④ 内容质量标准

真实性：内容必须真实反映用户的观点和体验，保持真实性。

互动性：能提升用户的分享、互动和讨论的意愿，增强社区活跃度。

创新性：鼓励用户创作独特、有创意的内容，避免内容同质化。

3）人工智能生成内容（AIGC）

① 内容适用场景

需要大量内容生成、个性化定制和高效率的场景。

② 内容生产要求

高效性与规模化：AIGC 必须具备高效生成内容的能力，以应对大量需求。

多样性与定制化：能够根据不同需求生成多种形式和风格的内容，满足个性化要求。

准确性与合规性：确保生成内容的准确性和合规性，避免错误和法律风险。

③ 内容生产模版参考

商品描述生成器：根据商品特性自动生成详细描述，包括规格、用途、优势等。

新闻摘要生成器：从长篇新闻文章中提取关键信息，生成简短、准确、清晰的新闻摘要。

营销文案生成器：根据营销目标和产品特性，自动生成吸引人的广告文案和推广内容。

④ 内容质量标准

准确性：生成内容应准确无误、合法合规，避免信息错误导致的不良影响。

相关性：内容应与主题高度相关，符合预期需求和目标受众的兴趣。

流畅性：语言表达自然流畅，避免生硬和不通顺的现象。

⑤ 机器学习

机器学习在 AIGC 中的应用主要体现在以下几个方面。

自然语言处理（NLP）：通过深度学习算法，理解和生成自然语言文本，提高内容生成的质量和流畅度。

图像识别与生成：通过机器学习技术，自动识别图像内容并生成相应描述，或根据文字描述生成相应的图像。

从 PGC 到 UGC，再到 AIGC，内容生产的形式有显著的演变。随着技术的不断进步，这些内容生产方式将在各自的应用领域中进一步发展和完善。AIGC 的发展能为中小微企业创造更多价值，也为用户运营提供了更高效便捷的辅助工具。

7.4.2　与时俱进：如何借助 AI 规模化生产内容

在数字化时代，内容需求量的激增促使企业不断寻求高效的内容生产方式。人工智能（AI）在这方面展现了巨大的潜力，通过规模化生产内容，满足了多样化和大规模的内容需求。以下将深入探讨 AI 在内容生产中的应用、具代表性的 AI 企业分析及模型训练。

1. AI 在内容生产中的应用

自然语言生成：通过自然语言处理技术，AI 能够自动生成文章、报告、新闻摘要等文本内容。这种技术已应用于新闻媒体、市场营销、电商业务等领域。例如，华盛顿邮报（The Washington Post）使用其 AI 工具"Heliograf"自动撰写新闻报道，大幅提升了新闻生产效率。

自动化图像生成与处理：AI 可以根据文本描述生成相应的图像和视频，或对现有图像进行处理和优化。这种应用在广告设计、社交媒体内容创作等方面尤为重要。例如，2013 年诞生于澳大利亚的视觉传播平台可画（Canva）利用 AI 技术帮助用户快速生成设计图，极大简化了设计流程，提升了效率。

视频内容制作：AI 技术能够自动剪辑视频、生成字幕、添加特效，甚至能根据脚本提示等生成虚拟主播视频。这种技术可被应用于教育、娱乐、电商和广告等不同行业。例如，开源项目 Open-Sora 打开了 AI 视频新纪元，在视频领域带来革命性突破；Synthesia 利用 AI 生成虚拟任务视频，为企业提供低成本、高效率的视频制作服务。

个性化内容推荐：通过机器学习算法，AI 能够分析用户行为和兴趣，为用户推荐个性化的内容。这种技术在电商平台、媒体内容平台、视频流媒体服务、新闻媒体网站等领域广泛应用。例如，奈飞（Netflix）利用 AI 算法推荐个性化影视内容，极大改善了用户体验，并带来更高的用户留存率。

2. 不同企业在 AI 内容生产方面采取了多样化的策略和技术实现路径

OpenAI：OpenAI 于 2022 年 11 月发布 ChatGPT 全新聊天机器人模型，引爆了全球，2023 年 1 月，月访问超过 6.7 亿次，具有革命性价值。2025 年 2 月，GPT-4o mini 驱动的高级语音模式向免费用户推出，GPT-4.5 API 也正式上线。这是目前先进的自然语言生成模型之一。GPT-3 能够生成高质量的文本内容，应用于自动写作、代码生成、对话系统、设计绘图等众多领域。许多企业甚至已经将 GPT-4 集成到自己的应用中，实现了内容生产的自动化和智能化。

DeepSeek：DeepSeek 作为一个专注于通用人工智能的中国高科技应用

软件，于 2025 年 1 月正式上线，同月，英伟达宣布，DeepSeek-R1 模型现已作为 NVIDIA NIM 微服务预览版与包括但不限于万兴科技、荣耀、讯飞、阿里云、百度等高新技术产业公司陆续达成深度合作。DeepSeek 直接面向用户和支持开发者提供文本生成、计算推理、编程、代码等多领域支持，在内容层面，可支持文本创作、多语言翻译与本地化、绘图等，让中小微企业将其高效能、低成本应用于日常业务开展。

Gemini：Google 在 AI 内容生产领域布局早、投入大，其 DeepMind 团队于 2023 年 12 月初发布 Gemini。早从 2012 年起，Google 便已经开始布局 AI 模型，于 2023 年 12 月正式发布 Gemini。这无疑是 AI 领域的里程碑节点。Gemini 用户可以使用 Deep Research 功能。这一功能，综合融合了 AI 大模型和用户网络搜索的高级功能和能力，从自动网络检索和深度信息整合等层面性能突出。用户在发出指令后，Gemini 能够具备较强的理解能力，给出对应的信息检索结果和写作结果反馈，甚至能产出完整的报告，较市面上的 AI 产品竞争优势显著。

3. AI 内容生产的核心在于模型训练

主要包括以下几个步骤。

信息收集与处理：模型训练需要大量高质量的训练信息，无论是通用模型还是推理模型都适用。内容的多样性和代表性对于训练出通用性强的模型至关重要。这一步骤确保了信息一致性，为模型训练打下坚实基础。

模型选择与设计：根据具体应用场景选择合适的模型架构，通用模型更需显式引导推理，推理模型则因本身具有推理逻辑，可支持提示指令简介清晰明确，使用者把需求表达清楚、发出明确指令即可。不同的模型架构在处理不同类型的内容生产任务时具有不同的优势。

模型训练与优化：利用大规模计算资源（如 GPU、TPU 集群）进行模型训练，通过反复迭代和参数优化，提升模型的性能和准确性。训练过程中还需要进行参数调整和模型优化评估，确保模型在验证集上的表现达到预期标准。

模型部署与应用：训练好的模型需要进行部署，以便在实际应用中生成内容。模型部署可以在本地服务器或本地设备（如笔记本电脑或台式机）、云端服务器上进行，具体选择取决于成本控制、应用需求和计算资源。

AI在内容生产领域的应用不仅提高了生产效率，还拓展了内容创作的边界。从文本生成到图像处理，再到视频制作和个性化推荐，AI技术正深刻改变着内容产业的格局。通过深入了解AI内容生产方面的实践和模型训练的关键步骤，企业可以更好地借助AI技术，实现内容生产的规模化和智能化，满足不断增长的内容需求。

7.4.3　图文短视频爆款内容的策划与生产

随着电商的兴起，内容的表达形式也越发新颖丰富，从文字到图文，再到短视频、直播……尤其是短视频和直播成功占据了用户大量的碎片时间。

内容优质是爆款内容的基础前提。基于市场和受众的需求，确定IP风格定位和生产优质内容是重中之重。优质的内容，一旦符合平台受众需求和流量分发的规则，就有机会"一战成名"，并吸引大量的流量和关注度，成功占据粉丝的注意力。

从平台角度看，平台持续产生优质内容能够赢得用户的信任，创造好的口碑和品牌影响力，带来用户的高频搜索和高黏性。

从商家和品牌方角度看，一条好的爆款内容足以带来曝光、涨粉和交易转化！

例如，美妆S品牌根据自身定位，在新品发布前先找到一直在美妆垂直领域分享的小红书博主T（代称），双方达成了合作，并确定了品牌方以妆教视频为主进行表达的内容形式，并根据产品本身的定位专业度给出了合作要求。

该品牌方根据产品的粉丝购买人群，锚定18～23岁的女大学生和职场新人，根据T的内容风格和品牌受众需求，确定了新手妆教的主题。

与此同时，S品牌和T合作录制了一条该彩妆品牌产品种草短视频。这条内容的核心是近期关注度较高的彩妆化妆教程——5分钟新手上手妆，T边化妆边讲解化妆品的成分和功效，干货满满。

除了视频本身干货足，视频标题、文案、封面都经过精心设计，核心是以当下流量小花热门造型为切入点，结合"新手进来学"系列专题，让内容具备爆款潜质。

这个视频对于不会化妆却想要掌握化妆技能的粉丝来说非常有收藏价值，因为它很好地解决了新手们的痛点，因此这个视频各方面的数据都不错，并且很快得到了官方的推流，阅读量近50万人次，互动量也突破了6万次，详见图7-4。

对品牌而言，近50万人次的曝光量和百万级的交易转化都为品牌带来了极高的价值；对达人而言，单一这条内容为她带来了近3万粉丝，并持续获得了流量。品牌方所创造的价值远远超过了这个达人的商务合作价格。

图7-4 小红书后台某短视频互动数据情况

商家和品牌方要想生产出优质的内容并使它成为平台爆款，从达人的选择到脚本设置，到视频拍摄、后期制作，甚至内容发布文案和时间点都需要层层把关。

一、商家/品牌商与达人的爆款内容合作

商家和品牌方如何通过爆款内容吸粉和转化呢？随着各大社媒平台商业模式逐渐发展成熟，平台早已形成完善的流量分发和赢利模式，并且鼓励各大小商家和品牌方通过投放，让优质内容触达更多公域流量，这样更可能成为爆款。

用户运营有两种方式可以帮助企业进行内容投放。

第一种方式是官方账号的自运营或代运营，即通过自运营或代运营的方式进行品牌官方内容账号运营。企业可通过品牌定位，借助官方账号进行品牌宣传曝光和新品介绍。不仅如此，企业还可以推广销售商品，实现品效合一。

第二种方式是外部达人账号合作投放，即基于达人投放策略联系MCN或者直联达人合作投放。

以直联达人合作投放为例。

1. 明确产品定位

在寻找达人之前，商家和品牌方需要明确产品的定位和产品的受众消费群体，同时需要想清楚当下的商业阶段，以及内容投放的价值和承担的目标，借助达人的影响力来提升商品曝光率到底是为了销售商品还是为了品牌宣传？

2. 寻找合适的达人

用户运营在日常运营过程中，可以提前根据目标进行投放策略的分层制订和达人资源合作，建立自己的达人合作金字塔。对所有的达人资源进行整理和分级。基于达人的粉丝规模、粉丝画像、互动数据、CPE、内容风格和质量、历史品牌合作情况、带货品类构成和表现等情况，将达人们划分为头部 KOL、腰部 KOL、尾部 KOC。

在明确投放的整体策略后，商家和品牌方可以基于产品定位，找到符合产品调性、匹配度高的目标达人进行合作投放。

选择 KOL 合作有三种模式。

（1）一口价。这种短视频 / 图文合作模式类似于直播坑位费，商家和品牌方可根据不同粉丝档位的达人在星图、蒲公英等平台的报价联系 MCN 机构或达人进行商务合作，当然也存在非报备合作方式。这种模式下，商家和品牌方需要把控好达人选择和内容质量，进而做好预算和效益的平衡。

（2）曝光定价。这个模式更适合能够持续生产爆款内容的有一定影响力的中腰部达人。商家和品牌方有品牌或新品曝光的需求，便可以尝试这种形式。

（3）佣金模式。这个模式也叫素人带货模式。一方面，商品的佣金非常高，适用于佣金可达到商品定价的 30% 及以上的商品；另一方面，达人本身的风格就是种草带货类型的达人。达人虽能在这个模式合作中多劳多得，但也存在非常大的风险。这个模式往往更适用于星图、蒲公英等平台上报价不高，能够通过一口价接广告合作的尾部达人。商家和品牌方有铺货、清库存的需求可以尝试这种形式。

3. 明确投放需求

在和达人成功建立合作关系后，商家和品牌方要给出品牌具体的投放需求简报。一份完整的投放需求简报要包含 5 个部分：品牌简介、产品卖点、软广植入要求、内容创作要求、合作注意事项。

以知名 S 彩妆品牌的新品推广为例，该品牌的投放需求简报是这么写的。

品牌简介：S 品牌是国内知名彩妆品牌，主打平价少女彩妆，涉及多条产品线，从口红、眼影、腮红到底妆遮瑕等，专门为年轻女性量身定制全套美妆解决方案。

产品卖点：S 家缤纷春日系列眼影盘有 4 个场景主题，分别是约会、出游、上班、日常，基于每个主题配套主打色系，约会主打人鱼姬色盘，出游主打马卡龙色盘，上班主打大地色盘，日常主打南瓜枫叶色盘，多场景可用，一盘在手，妆容皆有。

珠光闪粉，显色度高，粉质细腻。

限时新品折扣 7 折起。

软广植入要求：剧情类短视频植入须吻合剧情场景，建议把商品的功能、功效融入设计成剧情；种草类内容须增加产品品牌和卖点的介绍并对商品使用进行展示；有清晰的购买路径引导；须带上明确广告词"S 家缤纷春日系列眼影盘，上 S 品牌快闪店，限时新品 7 折起"。

内容创作要求：符合达人的历史创作风格，重点参考爆款内容风格；内容须原创，不可抄袭搬运他人内容，避免投诉风险；有趣、有料、有创意、积极正向。

合作注意事项：笔记发布后，须及时给出合作视频/图文发布链接；内容保留至少 3 个月；遇到限流问题，要支持内容调整、重新发布等合理诉求；评论区购买链路置顶，做好互动引导；须在评论区进行正面评价引导，对于负面消息及时回应。

4. 引导达人生产爆款投放内容

用户运营须参与内容创作过程，从选题和脚本开始进行干预，引导达人生产符合要求且能效益最大化的内容。通过达人的投放测试，不断调整优化内容投放标准，并持续沉淀可长期合作的优质达人，进而建立优质合作达人池。

二、确定选题，为爆款内容生产做准备

用户运营要想通过内容平台经营达到阶段业务目标，就应坚持从第一个粉丝开始精准赢利，因此，不管是企业官方账号还是达人合作的内容投放，都要坚持基于账号所需的目标粉丝画像确定内容选题，并结合产品特征、热点话题、粉丝需求点生产匹配的优质内容。

一个好的选题，不仅是爆款内容生产的首要条件，还是能为植入产品带来复利价值的流量密码。

如何找到具备复利价值的好选题呢？

1. 关注评论区留言

用户运营可以收集并调研新媒体账号评论区和粉丝群的热点内容，了解粉丝的关注点、需求点和痛点。评论区是一个非常好的挖掘热点话题的阵地，尤其要关注点赞数最多、最热门的评论。这些评论代表着粉丝当下所关注的事情及观点，站在粉丝关注点上产生的话题，本身已经自带热门潜力属性，详见图 7-5。

图7-5　抖音App手机端某短视频评论区

2. 建立丰富的选题素材库

建立丰富素材库一共有 3 个注意事项。

第一，基于内容定位，对与内容相关的选题进行有条理的分类。小莫

（化名）是一家美妆品牌的用户运营人员，负责该品牌旗下口红系列产品的营销与运营，日常工作中就包括短视频的达人合作生产与投放。为此，她专门建立了基于品牌和场景的不同维度的素材库。她积累品牌素材的方法，便是基于国内外不同品牌系列进行分类，参见图 7-6。

图7-6 抖音App手机端"彩妆"话题列表和视频合集

第二，制作内容排期并基于排期重点找细分素材。小莫每次都会提前一个月左右确定内容的排期，当然也包括了商务合作的内容。在约请达人合作之前，她要提前构想脚本并对相关素材进行提前安排，以提升达人生产内容的效率。

第三，保持洞察力和良好的习惯，发现素材即时记录，日积月累，素材丰富度便都是结果。

3. 结合粉丝调研和账号数据分析明确最终选题

一方面，基于账号进行数据分析，在抖音、小红书、B站等内容平台，商家/品牌方和达人都可以看到完善的粉丝数据，年龄段分布、城市分布、手机型号、兴趣等都有，便于各方由此判断符合要求的粉丝画像，据此进行选题策划。另一方面，对粉丝关注的热点话题进行对比分析，最终借助数据确定话题及其优先级。

三、审核脚本文案，确保产品植入效果

为了让产品有更好的植入效果，完成选题后，审核达人提交的脚本也不

可忽略。以短视频为例，视频拍摄前一个结构性好、逻辑合理、表达准确的脚本，能为整条视频带来更多正向的结果。

1. 脚本结构

好的脚本结构＝豹头＋凤肚＋猪尾。

（1）豹头

豹头是内容的开头部分。短视频脚本创作中，"豹头"在脚本中相当于总述。在不同的平台，黄金开头的时长有所区别，比如抖音的黄金开头仅为3秒，这黄金3秒足以让粉丝决定是否划走。如何写好一个具有吸引力的脚本"豹头"？制造冲突、设置爽点！前几秒的完播率数据能影响平台对视频的流量池推送情况。

示例1：上回那条视频30万人看过了，原来你们喜欢这种啊？终于，在大家的千呼万唤中，第二弹超级福利为大家找来了！看起来贵，实际性价比很高的大牌单品第二弹，它来了！我手上的每一个单品都堪称一绝，简直是国货之光，X品牌的精华竟然才个位数！

示例2：我花了很多年才学会了反内耗的能力，就是学会不再与自己过不去，不再为小事痛苦纠结。曾经，我一度因为朋友不回复消息、汇报没被肯定等小事就胡思乱想，甚至持续产生自我怀疑的痛苦，这种内耗状态严重影响了我的生活和工作。

（2）凤肚

凤肚是包括多个爆点内容和节奏分论点的部分，可以设置互动或转化"钩子"。这些爆点内容也直接决定了粉丝对于内容的互动。有趣、好玩、好看、新奇、有价值，"凤肚"脚本占到其中某个点便能够吸引粉丝去点赞、评论，甚至转发，加关注。

示例：第一支爆火的春日玫瑰唇泥，低饱和度，慕斯质地，明媚温柔，芬芳满意，涂上这一款，立马摇身一变妩媚玫瑰少女，薄涂厚涂各有风情，上唇试色真的是美艳到我了！

（3）猪尾

当"凤肚"已经承载了互动或转化的功能时，"猪尾"在短视频脚本中影响较小；当视频为剧情类型内容时，"猪尾"可起到反转、升华或共情作用，脚本的收尾则不可忽略。

示例 1：一盒"黄金"面膜帮你省几十，一年不得购买几十盒？用两年，一台苹果电脑不就省出来了吗？还不赶快跟我买起来！

示例 2：这些装备花了我整整八百块大洋，黄金我是没有提炼出来，八百块大洋倒是打水漂了！发财梦易碎，炼金有风险。还是要靠勤劳才能致富呀！

接下来，给大家分析一个完整的脚本。

抖音号：@陈诗远

标题："带你看看我的家乡化州，游子在外无论多远，牵挂的都是熟悉乡音乡韵"

数据概况：

截至 2023 年 3 月 11 日，点赞数达 1.6W，评论数 1 754，收藏数 304，转发量 1 022，界面见图 7-7。

图7-7 抖音App手机端达人账号"@陈诗远"某短视频界面

脚本结构拆解分析详见表 7-8。

表7-8 脚本结构拆解分析

脚本结构	脚本文案拆解	脚本内容分析
豹头	现在开始,是我家乡化州的12时辰	通过一句话开门见山,达人在3秒内跟粉丝准确传达清楚视频内核是家乡化州;结合热点话题"12时辰",引发粉丝好奇心,继而观看下去,提升了观看时长
凤肚1	辰时的第一道光,打在鼓楼的角檐上。踏进孔庙,历史和现代气息交汇。美丽小城,开始拥抱新的一天	达人通过4个时辰,围绕家乡化州的四个场景和画面,从辰时的鼓楼与孔庙到午时的家乡风味,再到申时的化州一中学府,最后到戌时的化州大桥,将时辰和画面一一对应,让视频的节奏清晰,令粉丝愿意继续看下去!除此之外,达人借助这四个极具家乡代表性场景,将家乡的赞赏和思念之情层层递进、升华,从牵挂之情升级至万家灯火的包容性和家乡人民的饱经风霜却没有世俗阳光的风貌
凤肚2	午时,一碗粉、一份牛杂。家乡的风味,永远是游子心中最牵挂的味道	
凤肚3	申时,我想回一趟母校,再看一次为之疯狂的青春杯。拥有着超长主教学楼的化州一中,是化州学子最骄傲的学府	
凤肚4	戌时,夜晚的化州大桥,容得下这座城的万家灯火。这里人人脸上都挂着笑容,虽饱经风霜,但没有世俗的眼光	
猪尾	因为,里面有一句话是这样说的:East or west, home is best,金窝银窝,不如自己的狗窝。	(1)升华主题,传递短视频核心观点,引发粉丝共鸣;(2)引用俚语"金窝银窝都不如自己的狗窝"点明中心思想,外面的世界再好都不如自己的家乡;(3)呼应前文,呼吁游子记得回家
	在外漂泊的你,累了的话,记得回家,吃碗牛腩粉哦	

2. 内容标题

标题往往位于短视频最显眼的位置,就像是门店的门面,影响着内容点击率。一个好的标题往往能够起到画龙点睛的作用。

写出吸睛标题的技巧有4个。

(1)结合名人名言名著

公众号"洞见"发布的《〈老人与海〉:没有绝望的处境,只有强大的心境》阅读量10W+。《老人与海》是海明威的传世经典之作,这篇文章通过作家海明威和小说故事说明强大意志力和心境的重要性,引起了粉丝的情感共鸣和高度认同,评论区一片正向反馈评论,见图7-8。

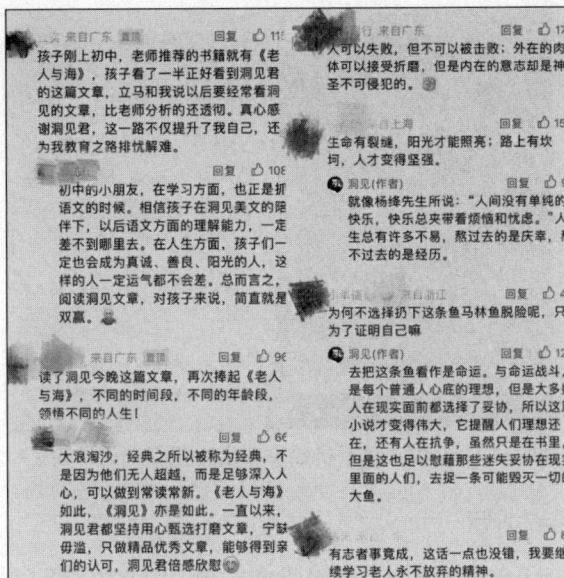

图7-8 公众号"洞见"发布上述文章的评论区

公众号"十点读书"发布的《读〈你当像鸟飞往你的山〉这10句话，给疲惫的生活一点力量》阅读量10W+，让屏幕前感到生活疲惫的粉丝产生共鸣，也让许多疲惫的人在评论区发表自己的见解，见图7-9。

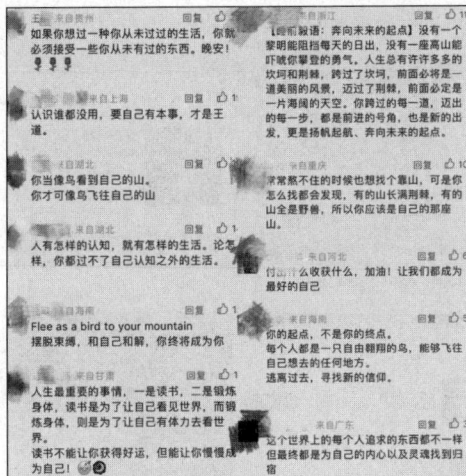

图7-9 公众号"十点读书"发布上述文章的评论区

抖音号"古诗词大汇"发布的《〈道德经〉十大名句，道尽人生智慧》互动量过万，粉丝也会在评论区留下自己所认可喜爱的名句，见图7-10。

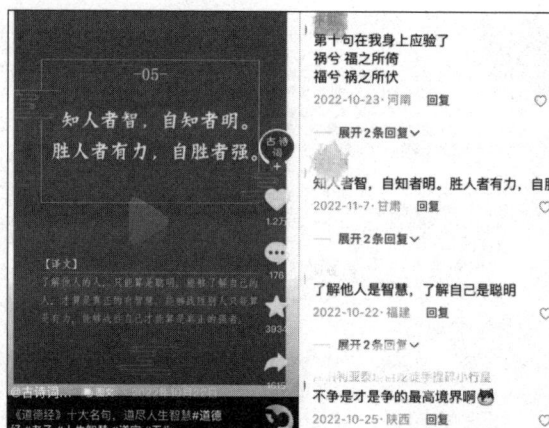

图7-10　抖音App手机端发布上述短视频的评论区

（2）结合热点话题

比如 ChatGPT 是近一段时间的热度话题，"ChatGPT 应用领域"相关话题很快上了各大内容平台的热搜话题榜单且热度持续不下。截止到 2023 年 3 月 24 日，抖音 ChatGPT 话题播放量已达 8.4 亿次；微博 ChatGPT 话题更是冲上了科普话题 No.1。不少内容创作者在创作视频和发布标题的时候充分考虑且结合了该话题，不少内容还获得了官方的曝光和流量推送，见图 7-11。

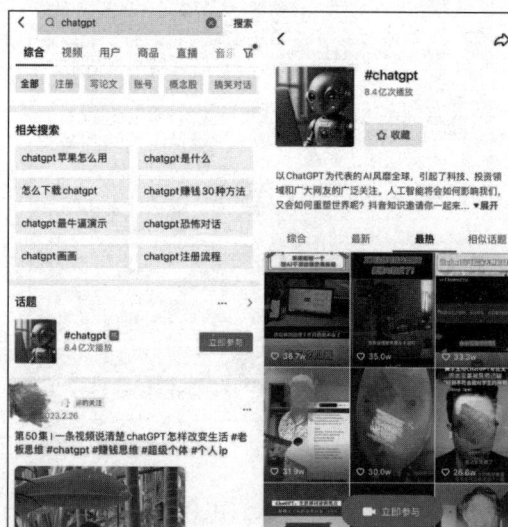

图7-11　抖音App手机端"ChatGpt"搜索结果页和话题视频集合页

（3）反问、疑问、否定、转折、感叹五法引人好奇博眼球

写法1：反问

反问的作用是增强语气，增强说服力，激发读者情感。

比如"怎么不算浪漫呢"这个标题，通过反问强调观点"这就算浪漫"。

写法2：疑问

疑问的作用是构成悬念，引起读者阅读兴趣。

比如《长期不谈恋爱的男生是什么状态？》这个抖音的高热度标题应用了疑问，提升了粉丝的关注度，适龄的男生和女生群体都会因为好奇而关注这个标题下的内容。

比如《你买过什么很贵但又很值的东西？》这个标题，通过疑问的形式引导答主分享自己"一分贵价一分好货"的购物经历，引发共鸣。

写法3：否定

否定的作用是使句子显示出否定之意；双重否定的作用可加强肯定的语气和效果。

比如公众号"青岛市图书馆"发布的《杜月笙：人可以不识字，但不能不识人》这个标题，综合运用了名人名言、转折及双重否定写法，此处主要用双重否定"不能不识人"重点强调识人的重要性。

写法4：转折

转折的作用是前文对解释或意思的转变。

比如《3个快速起号方法，很普通，但让我一个月涨粉10W！》这个标题，通过方法普通和涨粉效果绝佳进行强烈对比，烘托出这3个起号方法足够有效，充分引发粉丝的好奇心和关注度。让人不禁想知道，到底是什么普通方法那么有效。

比如《口红这东西，可以不涂，但是不能没有！》这个标题，将不涂和不能没有进行对比，说明口红的不可或缺性。

写法5：感叹

感叹的作用是强化语气、强化情感。

比如《这幅山水画真是美到我的心坎上了！》这个标题，借助感叹的语

气突出山水画之美。又如《你再不抢就没了！》。

图7-12 抖音App手机端"700万豪车接亲撞上石墩"话题搜索结果页

（4）结合数字和人设，提高内容价值

比如《700万豪车接亲撞上石墩》这个标题，就极好地将700万这个数字和有钱人设挂钩，存在反差冲突，用在了标题内，因而引发了极高的关注度，直接冲上了抖音当天的话题榜，并有多个可参与的热门话题，见图7-12。

比如《挑战12小时游上海》这个标题，通过12小时的时间跨度和游上海这个话题进行对比，突出一定的挑战性，增加了用户和达人的话题参与度，提升了话题热度，冲上了同城话题榜。

比如《体验五百块的蟹黄面》这个标题，通过五百块的价格和蟹黄面进行结合，让人不禁好奇这个"天价"蟹黄面到底有多好吃？充分运用了大家的猎奇心理，提升了话题流量热度。

类似的，比如《3个小细节！让你拥有开挂人生！》，又如《深夜便利店，打工人5块钱搞定一顿晚餐！》。

（5）结合裂变玩法，引导粉丝转发@身边的人，提高传播性

比如"@你兄弟过来系列""@你姓王的朋友给你买"等抖音热搜话题，都很好地引导了粉丝和周围的朋友产生互动，拉近社交距离的同时提升了内容的传播性。

写法1：@某人＋一起做某事，产生共鸣或共情

比如《不要犹豫，马上@你最重要的人一起来看绝美落日》《快@你最好的姐妹看看》。

写法2：重大事件+@某人＋做某事＋规避的潜在风险

比如《千万不要泄露你的身份证号！@你身边最重要的人来看！小心你的钱被人转走了都不知道！》。

写法3：@+活动规则

比如《@出你觉得最像他的人》。

3. 销售文案

在脚本和视频拍摄环节中，商家和品牌方要将产品的使用感受、功能介绍、质量测评、品牌背书优势、价格促销力度、产品口碑好评等资料提前准备好，交给达人，并对达人创作的脚本进行重点审核把关，确保介绍内容能够符合推广预期，并且能吸引粉丝关注。通过达人的介绍，提升粉丝对于产品的信任度。

视频内的广告植入话术、产品介绍话术、价格优惠力度透传、购买转化的埋钩，都能够将粉丝的注意力引导到产品本身，加速粉丝的购买决策。引导粉丝互动和回复评论等方式能够帮助涨粉和转化价值。

（1）广告植入话术

示例1：打开淘宝搜索S品牌旗舰店，领券购买新品下单超划算。

示例2：点击右下角组件指定评论区链接，点击送大牌乳液试用装。

示例3：明星同款美容仪，皮肤提拉紧致，今天给大家送大额券，点击购买，划走再也找不到了。

（2）产品介绍话术

示例1：S品牌的低饱和粉雾面系列口红，黄皮素颜姐妹的心头爱，上嘴显嫩超级显肤白！

示例2：修护抗初老你永远可以相信L家的面霜！适合敏皮姐妹，核心成分为烟酰胺和葡萄籽提取物，美白抗初老一步到位！

示例3：这款火遍全网的果蔬清洗机利用超声波进行水中高频震动清洗食材，共有3种定制化清洁模式，不仅能除菌还能除农药残留，使用方便，拆卸清洗方便，省钱又省心！

（3）价格优惠力度透传

示例1：从不打折的无人机新品竟然打8折！

示例2：18块8吃豪华双人套餐。

（4）购买转化的埋钩

示例1："女神节"秒爆款尖货来了，美妆有好价！我刚趁着活动价入手了一支 I 品牌的明星产品——"女明星"系列唇釉丝绒哑光雾面口红 H01 炭烤奶茶色，奶粉调中透露着甜橘，优雅洋气不失活泼自在，上唇滋润持久，气质显白，薄涂厚涂各有风味。官旗原价 69 元，"女神节"活动价格仅需 21 元。没错！3 折竟然就可以入手，仅限今天，姐妹们赶快去冲！

该案例的结构逻辑：

第一步，传递女生节美妆有好价活动信息；

第二步，博主对口红进行试用种草介绍，提升粉丝对该产品的兴趣度和好感度；

第三步，将活动价和原价进行对比，突出 3 折优惠力度之大；

第四步，用"仅限今天"烘托限时购买的紧张氛围，引导粉丝立刻去下单，从而促成购买转化。

示例 2：终于等到这个火遍全网的小众设计师服装品牌一年一度的打折季了！整个品牌以嘻哈涂鸦的风格著称，全球限量供应，许多明星街拍出镜私服都有它！平时价格虽有些小贵，但目前活动价格真的很香，5 折力度是真的人人都能买了。热门款式数量有限，赶快点击右下角评论区置顶链接点击抢购吧！

该案例的结构逻辑：

第一步，传递小众设计师服装品牌打折季的活动消息；

第二步，通过"一年一度"突出活动的稀缺性；

第三步，通过商品种草介绍和明星效应突出商品价值，提高粉丝的购买兴趣；

第四步，突出 5 折优惠力度；

第五步，通过限量供应、热门款式数量有限等信息埋钩，以此说明商品的稀缺性价值，传递限时限量的心智，引导粉丝尽早下单。

7.4.4　策划一场直播，带来吸粉与赢利

爆款效益能够为直播间带货带来可观的交易量，直播间爆品打造得益于全流程运作，从选品、直播组品到主播直播间带货都需要具备爆品思维。策

划一场直播可以带来粉丝与赢利。

第一步，选品。

一个直播间之所以能够吸引粉丝停留并且产生付费行为，除了主播的影响力背书，离不开核心竞争力——商品。

同样的商品，粉丝为什么要在你的直播间购买？除了你提供的服务、情绪价值高，商品本身性价比高、品质好一定是最重要的因素。

爆款选品的思路核心有以下几点：商品口碑好、符合消费者画像、匹配垂类带货，稳定后再考虑细分品类拓品、达人关联度高、吻合达人IP定位、价格优惠力度大等。

从选品来源看，可以从淘宝、抖音等直播平台商品中心等渠道进行选品。当然除了自身已合作的供应链资源，还可以由抖音、小红书等的选品广场、选品榜单等渠道扩充和优化选品来源，选择最具竞争优势的资源进行推广和合作。

另外还需要提升主播和商品的匹配度，从机制上优化选品的准入准出门槛，熟悉爆品具备的特征，了解行业内同类型、同级别主播的选品供应链情况。一方面，通过平台、供应链商家等多方信息预测爆品及其趋势；另一方面，基于用户画像，收集粉丝反馈。

通过直播平台的用户画像和粉丝人群分析，可以了解到用户对内容和商品的偏好，从粉丝购买状态、用户首购复购情况进行细分。

从直播间互动、短视频评论区、粉丝社群等渠道了解信息并找到用户需求的商品清单，综合两大方向，选定商品池。

进行用户调研。你可以将商品清单同步给黏性高、购买力强的高价值粉丝进行调研，让高价值粉丝进一步选出一批反馈好、呼声高的商品。

接下来，你可以通过不同的方式进行商品销售测试，将激励赠品、商品试用、商品种草短视频等低成本、高效率的方式进行多重组合，测试出这一批反馈好、呼声高的商品中具备潜力的爆款商品。

选好品且把控好商品品质后，就要让负责供应链运营的人跟商家进行价格谈判，拿到这批潜力爆品的抄底价，通过粉丝的需求向商家提出其能够接受程度内的最低价。不得不说,价格就是同类直播间同类商品的关键竞争要素,击穿底价让利消费者,让消费者买到称心如意的品质好、价格低的商品才能让你在竞争中逆风起飞。

某知名主播曾表示:瓜果蔬菜茶酒水这方面,顾客第一考虑的是品质安全健康,第二考虑的才是性价比;而日用品或者家电、3C类、化妆品等,第一考虑的就是性价比。

商品选品环节后,就要在供应商提供的商品介绍的基础上,充分挖掘商品的更多卖点,把商品卖点进行包装和场景植入拆解。直播间商品策略列表详见表7-9。

表7-9 直播间商品策略列表

业务环节	核心事项	涉 及 内 容
选品策略	数据清单	根据大数据和行业商品口碑,输出初步商品清单
	初步选品	商品成本、商品品相
	调研社群	核心粉丝社群投票,依据得分得出商品选品清单
选品策略	精心挑选	寻找工厂和品牌方,精心挑选、比较
	层层检测	对样品进行质量检测、包装检测,试用产品,把控质量
	工序把关	工厂生产时,深入一线,对每道工序进行把关
	质检抽检	出厂前进行质检,进入仓库前再次抽检
	商品入仓	入仓时间、商品数量、商品排期、生产周期
直播间粉丝试用	试用名额	确定试用名额及预算
	试用名单	拉取该品类高价值粉丝,确定名单
	收集地址	公布名单&规则,收取地址,交付供应商
	单号反馈	供应商交付快递单号
	素材收集	试用者收到货,素材回传
商品包装	商品资料	供应商提供详细商品资料列表内容
	商品了解	进行品相特性、用户痛点、商品卖点等罗列
	推送节奏	确定商品推送时间点+内容
	素材输出	按时间点输出短视频预热素材及文案

第二步，直播间排品组品。

选好商品后优化结构，选择优质商品直播间，制订组品策略。充分运用波士顿矩阵进行品类配比，直播品类货品数占比举例：引流款 10% ～ 20%；主推款（爆款）20% ～ 30%；利润款 50% ～ 60%，详见表 7-10。

表7-10 直播间组品波士顿矩阵

直播间组品波士顿矩阵	
引流/福利款	爆款/热门款
利润款	新品

第一，引流 / 福利款。

引流款的核心目的有两个：一方面是制造噱头将受众引进直播间，另一方面是用低价促转化。因此，在引流款的选择、价格洽谈、短视频和社群预热、直播间首图海报等方面都需要有节奏、有重点地进行营销。选择引流款的主要逻辑是价格折扣力度具备足够吸引力，且需要有一定库存，充分让利给直播间粉丝，才能调动直播间粉丝围观热情。

第二，爆款 / 热门款。

爆款是直播间所有商品中的核心现金流担当，支撑着直播间的核心销售业绩，也是整场直播中最核心的销售商品。打造爆款需要先对商品价值感和商品性价比进行充分权衡，通过爆款思维的方式选择商品，并且打造销量量级大的商品。以打造爆款的逻辑去引爆直播间，脉冲式提升销量是关键破局点。

第三，利润款。

利润款承担着主要的赢利任务。商品要具有高价值感和稀缺性特质，才能完成赢利和高利润的任务。因此，在商品组品和排品过程中，往往会将其安排在爆品和引流品后，至于商品比重，需要根据不同主播直播间对利润空间的要求，视情况而定。

第四，新品。

新品上市需要有时间进行市场验证，因此，新品开发的核心目的是测试市场反馈，从而通过市场反馈挖掘出潜力爆款，为筛选和培养爆款打下基础。

基于直播间商品波士顿矩阵的规划，要对商品直播和直播间销售奖励进行设计，详见表7-11。

表7-11　商品直播和直播间销售奖励

业务环节	核心事项	涉 及 内 容
商品直播	直播讲稿	直播主持稿，须结合商品卖点
	场景设计	符合商品定位的展示环节设计，通过卖点介绍、场景演示、商品测试等方式全面展示商品卖点，提升商品价值
	直播账号	前期预热宣传，账号养成与吸粉，私域和公域联动
	直播道具	支架、遮光板、手机等
	商品准备	新品、爆款商品等，可配合直播间销售奖励活动
直播间销售奖励	奖励方案	主播及供应商提供奖励方案、奖品
	方案反馈	方案初稿、优化方案、敲定终稿
	推广资源	投放素材申请资源，直播间引流
	素材制作	修改、复核、交付
	名单公布	拉取销售数据，公布名单
	奖品发放	指定工作日后核对数据，发放奖品

第三步，爆品打造。

爆品的打造主要有3种打法。

打法一：单品打爆法，核心是聚焦单个商品，以极致低价推出S级别的爆款。

打法二：组合搭配引爆法，核心是通过2个及以上关联商品进行组合商品销售。

打法三：短视频和直播间配合打爆法，核心是借助短视频预热并引流至直播间，直播间打爆。

一款商品要实现好的销量，业务方法论的逻辑如下。

首先，要明确这款产品真正给用户提供的价值，据此提炼产品卖点。基于用户价值，明确市场用户体量。这个目标制订过程，是制订战略的过程。

其次，基于战略目标，细分用户分布的渠道，以产品的功能卖点，不断强化用户心智。这是实施策略的过程。

最后，根据策略方向，具体落地执行产品投放、营销种草，在前期预热引流，在正式销售期再借助直播间、货架、私域加速推广，另借助限时限量冲量玩法带动数据脉冲式提升，促进货品爆发销售等。这是具体执行动作。

7.4.5　案例分析：罗永浩和他的"交个朋友"

罗永浩曾是锤子科技创始人，因为创业失败负债出圈，后为"还债"，及时转战直播电商，并创办了"交个朋友"直播间。这次转型，罗永浩成功成为直播带货界战绩累累的头部。

2020年4月，罗永浩在抖音首次直播带货，当场累计观看人数超过4800万人次，交易总额超过1.1亿元。凭借独特的直播风格和个人魅力，罗永浩成功在直播领域出圈。2023年5月，"交个朋友"与京东达成合作，罗永浩首播销售额超1.5亿元。2025年6月，罗永浩用AI直播带货，数字人"罗永浩"在百度优选直播带货，首播交易额超5000万元。罗永浩的直播战绩累累，策略如下。

1. 个人品牌影响力

作为公众人物，罗永浩凭借传奇的经历和幽默的风格快速吸引大量用户，为"交个朋友"直播间沉淀了重要的用户资产。

罗永浩的直播风格注重结合娱乐化的方式与用户互动。他不仅在直播中详细介绍产品，还通过与观众互动、讲述个人故事、分享见解等方式，增加直播的趣味性和互动性。持续输出有趣、有料的内容，成功利用内容放大个人品牌效应，并转化为直播流量。

2. 直播间选品

"交个朋友"直播间在选择产品上非常谨慎，注重产品质量和性价比。罗永浩亲自参与产品选择和推荐，确保每一款产品都是经过严格筛选的优质商品。这种严谨的态度增强了观众对直播间的信任感，提高了购买转化率。

3. 专业直播，团队依托

"交个朋友"直播间背后有一个专业的团队，负责策划、运营、技术支持等工作。团队的专业支持确保了直播的高效运行和高质量输出。从直播策划到数据分析，每一个环节都有专业人员把关，提升了直播的整体效果。

4. 多平台布局

"交个朋友"不仅在一线直播平台如抖音、快手进行直播，还拓展到多个社交媒体平台，通过多渠道宣传和推广，扩大了覆盖范围和影响力。

基于以上四大策略，罗永浩的"交个朋友"直播间在短时间内取得了显著的成果。

（1）粉丝数量激增：通过高频次、高质量的直播，罗永浩迅速积累了大量粉丝，并沉淀了大量用户资产。

（2）销售额突破：凭借个人品牌影响力和优质产品推荐，"交个朋友"直播间实现了可观的销售额，直播销售额多次突破百万。

（3）品牌合作增加：许多品牌看中了罗永浩的个人影响力和直播间的高转化率，纷纷与"交个朋友"达成合作，推出联合营销活动。

（4）用户信任增强：通过高质量的内容和真诚的推荐，"交个朋友"直播间赢得了用户的信任。

7.5 打通私公域通道，布局带货渠道

7.5.1 切合消费者需求，建立多元化销售渠道

在当今竞争激烈的市场环境中，企业要想成功实现销售目标，必须切合消费者需求，建立多元化的销售渠道。多元化销售渠道不仅可以覆盖更多的消费者，还能提高客户满意度和购买便利性。

1. 了解消费者需求

建立多元化销售渠道的第一步是深入了解消费者需求，包括消费者的购物习惯、偏好、购买动机等。通过市场调研、消费者访谈、数据分析等手段，

企业可以获取有关消费者需求的全面信息。这些信息能为销售渠道的规划和布局提供科学依据。

2. 多元化销售渠道的类型

（1）线上渠道

线上渠道是现代消费者购买商品的重要途径之一。常见的线上销售渠道如下。

电商平台：如淘宝、京东、亚马逊等。这些平台拥有庞大的用户基础和完善的物流体系，是企业进行线上销售的首选。

企业官网：通过自建官网，企业可以直接与消费者互动，提供定制化的产品和服务，提升品牌形象。

社交电商：利用微信、抖音、快手等社交平台进行销售，能够通过社交互动和内容营销吸引消费者，增强用户黏性。

（2）线下渠道

尽管线上购物越来越流行，线下渠道依然具有重要地位，特别是在需要体验和即时购买的商品类别中。常见的线下销售渠道如下。

实体店：传统的实体店依然是消费者重要的购物场所，特别是在服装、食品、家居等领域。

直营店：企业通过直营店直接控制销售渠道和客户体验，提供一致的品牌形象和服务质量。

代理商和经销商：通过代理商和经销商，企业可以快速扩展市场覆盖面，提升销售规模。

（3）新兴渠道

随着技术的发展，新的销售渠道不断涌现。

直播带货：通过直播平台进行商品展示和销售，借助主播的影响力和互动性，提升销售转化率。

订阅制服务：通过订阅模式，企业定期向客户提供产品或服务，提升用户黏性和长期价值。

O2O模式：线上线下融合的销售模式，通过线上下单、线下体验、到店自提等方式，提供便捷的购物体验。

3. 建立多元化销售渠道的策略

（1）全渠道营销

全渠道营销是指企业通过多个渠道协同合作，提供一致的客户体验。无论是线上还是线下，消费者都能获得一致的产品信息、价格和服务。全渠道营销能够提升品牌形象，增强客户信任度和满意度。

（2）定制化服务

根据不同渠道的特点，提供定制化的产品和服务。例如，线上渠道可以提供更多的产品选择和灵活的配送服务，而线下渠道可以提供产品体验和即时购买。通过定制化服务，满足消费者的多样化需求。

（3）数据驱动

利用大数据技术，分析消费者在不同渠道的行为和偏好，为渠道规划和优化提供科学依据。例如，通过数据分析，了解消费者在电商平台的购物习惯，优化产品推荐和营销策略，提高销售转化率。

（4）渠道整合

将不同的销售渠道进行整合，形成协同效应。例如，线上订单可以通过线下门店自提，线下门店可以通过线上平台推广。通过渠道整合，提升运营效率和客户体验。

（5）客户关系管理

通过客户关系管理（CRM）系统，用户运营可以在不同渠道中管理客户信息，提供个性化的服务和营销。例如，通过 CRM 系统，了解客户的历史购买记录和偏好，进行精准的服务或商品推荐和促销。

7.5.2 私域承接公域流量，提供极致用户体验

在流量竞争日益激烈的今天，如何将公域流量高效转化为私域流量，并在私域中提供极致的用户体验，是企业实现长远发展的关键。私域流量指企业自主拥有和可触达的用户资源。以下将详细探讨私域承接公域流量的策略及其重要性。

1. 搭建私域流量池

私域流量池是指企业通过各种手段吸引和留存用户，形成自主可控的用户群体。常见的私域流量池包括微信公众号、微信群、企业微信、会员系统等。企业需要制订明确的私域流量策略，建立高效的用户管理机制。

2. 多渠道引流

通过多种渠道将公域流量引导至私域流量池。例如，通过社交媒体、电商平台、线下活动等渠道吸引用户关注企业公众号或加入会员系统。在引流过程中，可以利用福利优惠、会员专享权益等激励措施，提升用户转化率。

3. 内容营销

内容营销是吸引和留存用户的重要手段。用户运营可以通过微信公众号、微博、抖音等平台发布优质内容，吸引用户关注和互动。例如，定期推送专业文章、行业资讯、产品知识等内容，定期组织线下活动、开展俱乐部活动提高用户黏性和活跃度。

4. 精准营销

利用大数据和人工智能技术，进行精准营销和个性化推荐。推送个性化的产品推荐和营销信息，满足用户个体需求，提供情绪价值，通过提高用户满意度潜移默化带动转化率。

5. 会员体系

用户运营可为企业设计、建立完善的会员体系，通过积分、成长体系、福利等方式，引导用户产生浏览、分享、评论、购买等行为，并给予奖励，提升用户参与度的同时增强黏性。例如，针对会员提供专属优惠、优先购买权、生日礼物等福利，增强用户的归属感和忠诚度。

6. 提供极致用户体验的策略

（1）优质的客户服务。提供优质的客户服务是提升用户体验的重要手段。企业需要建立高效的客服体系，通过多渠道（如电话、邮件、在线客服等）及时响应用户需求并解决问题，重视完善售后体验。

（2）用户反馈与改进。用户反馈是改进产品和服务的重要依据。企业需要建立有效的用户反馈机制，通过调查问卷、用户评论、社交媒体等渠道收集用户反馈，并根据反馈进行改进。例如，针对用户提出的问题和建议，及时进行产品优化和服务提升，提高用户满意度。

（3）持续的用户互动。持续的用户互动能够增强用户黏性和参与感。企业可以通过社群运营、线上活动、线下沙龙等方式，与用户进行互动和交流。例如，定期举办线上讲座、线下俱乐部活动，邀请用户参与产品试用，并拿到反馈。

7.5.3 创新营销，塑造品牌口碑，提前布局带货

创新营销是企业在竞争激烈的市场中脱颖而出的关键。通过创新的营销手段，企业可以塑造良好的品牌口碑，并提前布局带货渠道，实现销售增长。

1. 创新营销的策略

（1）内容营销

内容营销是创新营销的重要手段。通过创造有价值的内容，企业可以吸引用户关注，提升品牌知名度和美誉度。例如，企业可以发布行业报告、专家访谈、用户故事等内容，展示企业的专业性和权威性，提升用户对品牌的认可度。

（2）社交媒体营销

社交媒体是创新营销的重要渠道。通过在微博、微信、抖音等社交平台上进行营销，用户运营可以与用户进行互动，提升品牌影响力和用户黏性。用户运营可通过社交媒体进行产品发布、活动宣传、用户互动等，吸引用户关注和参与。

（3）KOL 合作

通过与行业内有影响力的 KOL 合作，用户运营可以借助 KOL 的影响力和粉丝基础，提升品牌曝光度和认可度。通过邀请 KOL 进行产品测评、直播带货、联合活动等，能够快速吸引大量用户关注，提高用户对品牌的兴趣，积累优质评价。

（4）事件营销

事件营销是通过策划和利用有影响力的事件，提升品牌知名度和美誉度的营销手段。用户运营通过赞助大型活动、策划公益活动、发布重大新闻等，

吸引媒体和公众的关注，提升品牌的曝光度和影响力。

（5）互动营销

互动营销是通过与用户进行互动，提升品牌黏性和用户参与度的营销手段。用户运营通过线上问答、互动游戏、抽奖活动等方式，吸引用户参与，增强用户的归属感和参与感，提升品牌口碑。

2. 提前布局带货的策略

（1）产品预热

在新品发布前，通过多种渠道进行产品预热，吸引用户关注和期待。例如通过社交媒体发布新品预告、制作宣传视频、邀请用户参与新品试用等，培养用户的兴趣和购买欲望。

（2）预约购买

在产品正式上线前，开放预约购买通道，吸引用户提前下单。通过预约购买，企业可以提前锁定用户需求，提升新品的销售预期和市场反响。

（3）限时抢购

在新品发布时，设置限时抢购活动，营造紧迫感，激发用户的购买欲望。例如，通过限时折扣、限量发售等方式，吸引用户迅速下单，提升产品的销售量和市场热度。

（4）会员专享

针对会员用户，提供专属优惠和福利，提升用户的购买意愿和忠诚度。例如，提前向会员开放新品购买通道，提供会员专属折扣和礼品等，增强用户的归属感和参与感。

（5）社群营销

通过建立和运营用户社群，提升用户的参与感和忠诚度。例如，通过微信群、QQ群等社群平台，与用户互动和交流，分享产品信息和使用心得，增强用户对品牌的认同感和信任感。

3. 创新营销的效果评估

（1）品牌知名度

通过市场调研和用户调查，评估品牌知名度的提升情况。例如，了解用户对品牌的认知度、喜爱度和推荐度，评估营销活动的效果。

（2）用户参与度

通过数据分析，评估用户参与度的提升情况。例如，分析社交媒体的互动量、活动的参与人数、社群的活跃度等，了解用户的参与情况和反馈。

（3）销售转化率

通过销售数据，评估营销活动的销售转化效果。例如，分析新品发布后的销售量、限时抢购的转化率、会员专享的购买率等，了解营销活动对销售的促进作用。

（4）用户满意度

通过用户反馈和评价，评估用户满意度的提升情况。例如，了解用户对产品和服务的满意度、对品牌的评价和建议，及时调整和优化营销策略。

运营

赢利全布局：用好流量
实现粉丝商业化

第 8 章

8.1 中小微企业的多样化粉丝商业化路径布局

8.1.1 借助商业生态系统中的粉丝找到业务增长点

在当今的商业环境中，中小微企业要想实现业务增长，必须充分利用商业生态系统中的粉丝资源。粉丝不仅是企业的重要资产，更是业务增长的潜在推动力。用户运营可充分深挖、撬动粉丝价值。

1. 深入了解粉丝需求

了解粉丝需求是找到业务增长点的第一步。用户运营要借助一切通道和手段，深入了解粉丝的兴趣、喜好、需求和行为。例如，通过社交媒体平台与粉丝互动，收集反馈和意见，了解粉丝对产品和服务的期望和需求。

2. 建立粉丝激励机制

建立粉丝激励机制，提升粉丝的参与度和忠诚度。粉丝激励机制和会员体系有较大共性，都是通过设置不同类型奖励，如积分、礼品等，引导用户完成不同类型行为任务，比如互动类、交易类等，提升参与度、贡献度，鼓励粉丝积极参与品牌活动、购买产品和分享体验，增强粉丝的归属感和黏性。

3. 构建粉丝社群

构建粉丝社群是有效建联和深度运营粉丝资源的重要手段。企业可以通过建立线上社群（如微信、QQ、微博群）和线下社群（如粉丝见面会、沙龙活动），聚集粉丝，定期组织粉丝活动、发布粉丝专属内容，提升粉丝的忠诚度和活跃度。例如，《仙剑奇侠传》小说原作者、知名网文作家管平潮，便通过构建粉丝社群，在微博等社交媒体平台发布作品更新、活动等信息，吸引众多书粉、剧粉、相关剧集演员粉丝关注，不定期举办书籍签售会等活动，充分提升粉丝参与感，顺利带动转化一定的书籍和周边商品销售。

4. 借助粉丝力量进行市场推广

粉丝是中小微企业最重要且具有赢利价值的资产之一。通过粉丝的口碑传播和推荐，企业可以快速提升品牌知名度和影响力。用户运营可通过策划活动，鼓励粉丝分享产品体验、参与品牌活动，通过社交媒体传播品牌信息，吸引更多潜在客户关注和购买。

5. 粉丝共创产品

粉丝共创是增强粉丝黏性和提高产品竞争力的有效方式。企业可以邀请粉丝参与产品设计、功能开发、测试反馈等环节，让粉丝感受到自身的价值。用户运营可通过问卷调查、线上讨论、线下体验等方式，收集粉丝的创意和建议，与粉丝共同打造符合市场需求的产品。

6. 定制化服务和产品

根据粉丝需求提供定制化的服务和产品，是满足粉丝需求和提升业务增长的重要手段。例如，推出粉丝专属产品、限量版商品、个性化定制服务等，满足粉丝的独特需求和偏好，提升粉丝的购买率。

8.1.2　结合上下游供应链，发力小而美的粉丝需求赛道

中小微企业在资源和竞争力有限的情况下，要找到独特的发展路径，可以充分结合上下游供应链，发力小而美的粉丝需求赛道。这种策略不仅能够满足细分市场的需求，还能提高企业的赢利能力和市场竞争力。

1. 识别和定位小而美的需求

识别和定位小而美的需求是发力粉丝需求赛道的第一步。用户运营可以充分调研市场，了解粉丝在特定领域的独特需求和偏好，并总结为报告，推动相关部门的商品生产。还可通过分析粉丝的购买行为和兴趣，发现某一细分市场中的潜在需求。例如，手工艺品、环保产品、非遗文化周边工艺品等，都是小而美却有潜力、有需求的赛道，满足了特定需求的粉丝诉求。

2. 优化供应链管理

优化供应链管理是提高生产效率和满足粉丝需求的关键。企业需要与上下游供应链合作伙伴建立紧密的合作关系，确保原材料的质量和供应的稳定性。通过与优质供应商合作，确保原材料的高品质；通过优化生产流程和物流管理，提高生产效率和交付速度，满足粉丝的需求。

3. 定制化生产和服务

定制化生产和服务是满足小而美需求的重要手段。企业可以根据粉丝的需

求和偏好，提供个性化的产品和服务。通过小批量定制、手工制作、限量发售等方式，满足粉丝的独特需求和个性化要求，提升产品的附加值和市场竞争力。

4. 创新产品设计开发

创新产品设计开发是满足小而美需求的核心。企业需要不断进行产品创新，根据市场变化和粉丝需求，设计开发独特的产品和服务。

5. 整合上下游资源

整合上下游资源是提高供应链效率和产品竞争力的重要策略。企业需要与上下游合作伙伴建立紧密的合作关系，形成资源共享和协同发展的生态系统。例如，通过与原材料供应商、生产制造商、物流服务商等合作，优化供应链流程，降低成本，提高效率；通过与分销渠道、零售商合作，扩大产品的市场覆盖面，提升销售额。

6. 供应链的可持续发展

在发力小而美的需求赛道时，企业还需要关注供应链的可持续发展。例如，选择环保材料、采用绿色生产工艺、降低碳排放等，响应国家号召确保供应链的可持续性。通过可持续发展的供应链策略，提升品牌的社会形象和市场认可度。

7. 案例分析：某民族风手工艺饰品品牌的成功经验

某民族风手工艺饰品品牌通过结合上下游供应链，发力小而美的粉丝需求赛道，取得了显著的成功。该品牌定位于手工艺品中的民族风小众市场，通过市场调研发现粉丝对个性化、手工制作、有民族风情的饰品有需求。通过与优质原材料供应商和手工艺匠人合作，结合民族风特色，确保饰品的独特设计感和高品质感；通过小批量定制和限量发售的营销策略，满足粉丝的个性化需求；通过与知名设计师合作，不断创新饰品款式和工艺，增加文化底蕴和品牌故事，提升其附加值，用差异化优势提升市场竞争力。最终，该品牌在细分市场中吸引了一批目标忠实粉丝和客户，并获得了良好的口碑。

8.1.3 从战略角度规划粉丝商业化路径，做好全布局

从战略角度规划粉丝商业化路径，是中小微企业实现长远发展的关键。

企业需要全面布局，制订科学的战略规划，确保粉丝资源的高效利用和商业化转化。

1. 制订粉丝商业化战略

制订粉丝商业化战略是规划路径网的基础。企业需要明确商业化目标、定位粉丝群体、制订营销策略和运营计划。明确粉丝的需求和偏好，确定商业化的方向和重点；通过制订明确的目标和计划，指导企业的各项营销和运营活动。

2. 构建粉丝生态系统

构建粉丝生态系统是实现商业化的重要手段。企业需要通过多种渠道和方式，与粉丝建立紧密的联系和互动，形成一个稳定和活跃的粉丝生态系统。例如，通过社交媒体平台、社区论坛、线上线下活动等，聚集粉丝，增强他们的参与感和归属感；通过提供优质的产品和服务，提升粉丝的满意度和忠诚度。

3. 优化粉丝体验

优化粉丝体验是提升商业化效果的关键。企业需要从粉丝的角度出发，提供优质的产品和服务，提升粉丝的体验和满意度。例如，通过定制化产品、个性化服务、优质售后等，满足粉丝的多样化需求；通过数据分析和用户反馈，不断优化和改进产品和服务，提升粉丝的满意度和忠诚度。

4. 多渠道营销和推广

多渠道营销和推广是提升粉丝商业化效果的重要手段。企业需要通过多种渠道和方式，进行品牌推广和产品销售，提升粉丝的关注度和购买率。

5. 构建多元化的收益模式

构建多元化的收益模式是提升粉丝商业化效果的关键。企业需要探索和开发多种收益模式，提升粉丝的商业价值和企业的赢利能力。例如，通过销售产品和服务、提供付费会员、广告合作、IP 授权等，拓展收益来源。

8.1.4 用好商业增长和赢利决策的经典模型和工具

中小微企业在进行粉丝商业化路径布局时，运用经典的商业增长和赢利决策模型和工具，可以提高决策的科学性和有效性。以下将详细介绍一些常用的经典模型和工具。

1. SWOT 分析

SWOT 分析是企业战略规划中的基本工具，用于分析企业的优势（Strengths）、劣势（Weaknesses）、机会（Opportunities）和挑战（Threats）。通过 SWOT 分析，企业可以全面了解自身的内外部环境，制订有针对性的商业化策略和计划。

2. PEST 分析

PEST 分析用于分析企业所处的宏观环境，包括政治（Political）、经济（Economic）、社会（Social）和技术（Technological）因素。通过 PEST 分析，企业可以了解宏观环境的变化和趋势，制订有相应的商业化策略和决策。了解市场法规、经济走势、社会文化和技术创新等因素对粉丝商业化的影响，进行科学的决策和规划。

3. 波士顿矩阵

波士顿矩阵是企业产品和业务组合管理的工具，用于分析产品和业务的市场份额和市场增长率。通过波士顿矩阵，企业可以了解各个产品和业务的市场表现，制订相应的商业化策略和资源分配方案。将资源集中在高增长、高市场份额的明星产品上，提升粉丝商业化的效果和效率；对低增长、低市场份额的产品实行调整或退出，优化业务组合。

4. AIDA 模型

AIDA 模型用于分析和指导消费者的购买行为，包括注意（Attention）、兴趣（Interest）、欲望（Desire）和行动（Action）。通过 AIDA 模型，企业可以制订有针对性的营销策略和活动，提升粉丝的购买意愿和转化率。例如，通过吸引粉丝的注意力，激发他们的兴趣和欲望，最终促使他们采取购买行动。

5. 客户生命周期价值（CLV）

客户生命周期价值（CLV）是衡量客户长期价值的重要指标，用于评估客户在整个生命周期内为企业带来的净利润。通过 CLV 分析，企业可以了解粉丝的长期价值和贡献，制订相应的商业化策略和客户管理计划。例如，通过提升粉丝的满意度和忠诚度，延长客户生命周期，提高 CLV，提升粉丝商业化的效果和效率。

6. 精益创业模型

精益创业模型用于指导企业在不确定的市场环境中，快速验证和优化商业化路径。通过精益创业模型，企业可以用最小可行产品（MVP）进行市场测试，收集粉丝反馈，不断迭代和优化商业化策略和产品。例如，通过快速推出 MVP，了解粉丝的需求和反馈，进行持续改进和优化，提升粉丝商业化的效果和效率。

中小微企业可以通过运用经典的商业增长和赢利决策的模型和工具，成功实现业务的快速增长和市场竞争力的提升。

总之，通过借助商业生态系统中的粉丝找到业务增长点，结合上下游供应链发力小而美的粉丝需求赛道，从战略角度规划粉丝商业化路径，做好全布局，以及用好商业增长和赢利决策的经典模型和工具，中小微企业可以实现粉丝资源的高效利用和商业化转化，提升业务和市场竞争力。在实际操作中，企业需要根据自身的实际情况和市场环境，灵活运用各种策略和工具，不断优化和调整商业化路径，实现长期的业务增长发展。

8.2 MCN机构和优质达人体系催生的赢利模式

8.2.1 淘宝、抖音等平台和MCN、达人之间的利益分配模式

在电商和短视频平台上，MCN 机构（又称公会）和优质达人通过内容创作和粉丝运营，获得了广泛的关注和商业价值。在这种商业模式下，平台、MCN 机构和达人之间的利益分配成为关键因素。以下将详细探讨淘宝、抖音等平台和 MCN、达人之间的利益分配模式。

1. 淘宝平台的利益分配模式

在淘宝平台上，MCN 机构和达人主要通过直播带货和内容营销实现商业赢利。利益分配模式通常包括以下几个方面。

（1）佣金分成：MCN 机构和达人通过直播或视频推荐产品，每成功售出一件商品，平台会按照一定比例支付佣金。这部分佣金由平台、MCN 机

构和达人按约定比例分成。例如，淘宝直播中的达人可以获得商品销售额的10%～20%作为佣金，平台则从中抽取一部分管理费用。

（2）广告收入：达人通过发布广告内容或在直播中植入广告，获得广告主支付的广告费用。这部分收入通常由达人和MCN机构按合同约定进行分配，平台也可以从中抽取一定比例的服务费。

（3）平台补贴：为了激励优质内容创作，平台会提供一定的补贴或奖励。例如，淘宝会根据直播的观看人数、互动量、销售额等指标，给予达人和MCN机构一定的补贴。

2. 抖音平台的利益分配模式

抖音平台的利益分配模式主要围绕短视频内容创作和直播带货展开，主要包括以下几方面。

（1）打赏分成：在抖音直播中，粉丝可以通过送礼物的方式打赏主播，主播与平台按照比例分成。通常，抖音会抽取打赏收入的50%，剩下的部分由达人和MCN机构分配。

（2）佣金分成：类似于淘宝，抖音达人通过直播带货和短视频推荐产品，按销售额的一定比例获得佣金。抖音平台通常会抽取部分佣金，剩下的部分由达人和MCN机构分成。

（3）广告收入：达人通过短视频或直播植入广告内容，获得广告主支付的广告费用。这部分收入由达人、MCN机构和平台按比例分配，具体分成比例由合同约定。

（4）平台补贴：抖音也会根据内容创作的质量和影响力，给予一定的补贴或奖励。例如，抖音创作者基金根据视频的播放量和互动量，向优质内容创作者发放奖金。

3. 利益分配中的关键因素

（1）内容质量和影响力：优质内容和强大的粉丝影响力是达人和MCN机构获得高收益的关键。平台会根据内容的质量、粉丝的互动量、转化率等指标，决定补贴和分成比例。

（2）合作合同和协议：MCN机构与达人之间的合作合同和协议决定了

具体的分成比例和利益分配方式。通常，MCN机构会提供培训、资源和运营支持。作为回报，达人需要将部分收入分给MCN机构。

（3）平台政策和规则：平台的政策和规则直接影响利益分配模式。例如，平台抽成比例、补贴政策、广告合作规范等，都会对达人和MCN机构的收入产生影响。

8.2.2　MCN机构生存发展现状和常见赢利模式分析

MCN机构在内容创作和粉丝经济中扮演着重要角色，它们通过整合优质达人和资源，实现商业赢利和快速发展。以下将详细分析MCN机构的生存发展现状和常见赢利模式。

1. MCN机构的生存发展现状

MCN机构近年来迅速崛起，但也面临着激烈的市场竞争和多重挑战。当前MCN机构的生存发展现状主要包括以下几个方面。

（1）市场竞争激烈：随着短视频和直播平台的兴起，越来越多的MCN机构进入市场，竞争日益激烈。国内市场白热化进程中，也有较多MCN开启了出海业务，将竞争市场瞄准了欧美、东南亚等地区。如何吸引优质达人、提升内容质量和增加粉丝黏性，成为MCN机构面临的主要挑战。

（2）政策监管加强：各大平台和政府对内容创作和广告合作的监管力度加大，MCN机构需要严格遵守平台规则和法律法规，确保内容合规和商业行为的合法性。

（3）赢利模式多元化：MCN机构通过多种赢利模式实现商业赢利，但也需要不断创新和优化，提升赢利能力和市场竞争力。

（4）资源整合能力强：优秀的MCN机构具备强大的资源整合能力，通过整合品牌、广告主、平台资源，为达人提供全方位的支持和服务，提升内容质量和商业价值。对于头部达人，聚焦资源并配置专业团队，极大提升其商业价值，可获得更高的产业回报。

2. MCN机构的赢利模式多样化

（1）佣金分成：通过与平台和达人合作，MCN机构从商品销售佣金中分成。这是 MCN 机构的重要收入来源之一，通常通过直播带货和短视频推荐实现。例如：通过与抖音平台合作，旗下达人在直播带货和短视频推荐中获得的佣金收入，按照平台 30%、MCN 机构 40%、达人 30% 的比例分成。

（2）广告收入：MCN 机构与广告主合作，通过内容植入、广告拍摄、品牌代言等方式，获得广告费用。这部分收入由 MCN 机构和达人按合同约定分成。例如：一家 MCN 可以与多家知名品牌合作，通过内容植入、广告拍摄、品牌代言等方式，获得广告费用，这部分收入由 MCN 机构和达人按 1∶1 的比例分配。

（3）平台补贴：各大平台为了激励优质的内容创作，向 MCN 机构和达人提供补贴和奖励。例如，抖音创作者基金、快手达人补贴计划等，都是 MCN 机构的重要收入来源。

（4）品牌合作和代运营：MCN 机构通过与品牌合作，提供内容创作、营销策划、账号代运营等服务，收取服务费用。这种模式不仅提升了品牌曝光度，还增强了 MCN 机构的赢利能力。

（5）自有品牌和电商：MCN 机构可通过孵化自有品牌，进行产品研发和销售，直接面向消费者。这种模式能够提升品牌附加值和利润空间，同时增强 MCN 机构的市场竞争力。

（6）内容付费和会员制：MCN 机构通过提供优质内容和增值服务，向粉丝收取会员费和内容付费。例如，独家视频、付费课程、线下活动等，都是 MCN 机构的赢利来源。

（7）知识付费和培训：MCN 机构可通过知识付费和培训业务，向粉丝和学员提供专业知识和技能培训，收取培训费用。这种模式不仅提升了 MCN 机构的品牌影响力，还增加了赢利渠道。

8.2.3 达人生存发展现状和常见商业赢利来源分析

达人生存和发展与 MCN 机构和平台紧密相关，通过不断创作优质内容和运营粉丝，达人获得了广泛的关注和商业机会。以下将详细分析达人的生存发展现状和常见商业赢利来源。

1. 达人生存发展现状

达人的生存和发展状况受到市场竞争、内容质量、粉丝基础和平台政策等多方面因素的影响。当前达人的生存发展现状主要包括以下几个方面。

（1）市场竞争激烈：随着短视频和直播行业的蓬勃发展，内容创作者已有千万规模，在品牌营销预算日益紧张，供需竞争日益激励的情况下，如何脱颖而出，吸引更多粉丝，有稳定持续的赢利收入成为每个达人都要面临的重要挑战，如何成为具有影响力的职业化专业内容 IP 是达人更高维的挑战。

（2）内容质量要求高：粉丝对内容的质量和创新性要求越来越高，达人需要不断提升内容创作能力，满足粉丝需求，保持粉丝黏性。

（3）平台政策变化：各大平台的政策和规则不断变化，达人需要及时了解和适应，确保内容合规和商业行为的合法性。

（4）收入结构多元化：达人的收入来源多元化，不仅依赖于平台的分成和补贴，还通过广告合作、品牌代言、内容付费等多种方式实现商业赢利。

2. 常见商业赢利要点分析

创作者的商业赢利主要有 4 个部分。

第一部分：账号定位。找到账号定位和人设。

第二部分：账号粉丝画像。

对性别、年龄、地域等因素进行分析，比如粉丝所在地以一二线城市为主，可选择客单价稍高、时尚感、社交属性更强的产品，定位出账号粉丝画像。想要提升赢利规模和效率，需要围绕粉丝的需求和反馈进行适当的匹配，才能持续赢利。

第三部分：创作者收入赢利。

内容赢利行业的生态角色有品牌方、MCN、创作者、代理商。

创作者赢利资源有粉丝资源、直播资源、广告资源、内容资源、带货资源。

创作者可围绕生态结构和赢利资源制订赢利策略。

第四部分：赢利模式。作为内容创作者，达人的赢利方式可以从广告收益、内容形式收益、带货赢利 3 种核心类型切入，参见图 8-1。

类型一：广告收益

达人可以基于不同平台的广告业务体系，完成广告主资源对接，并在平台本身的达人营销商单撮合中心找到广告合作机会，从而获得广告收入。

如果达人已与 MCN 机构签约，那么这部分收入由机构达人和 MCN 机构按合同约定分成。比如：小 A 与多家知名品牌合作，通过短视频和直播植入广告内容，2024 年 6 月获得广告费用达百万，这部分收入由达人小 A 和 MCN 机构按 7∶3 的比例分配。

除了常见的一口价商单合作收入，品牌代言也是广告收益的形式。品牌代言即通过与品牌合作，达人可以获得品牌代言费用。这种合作通常涉及较高的收入，要求达人知名度和影响力较高。

类型二：内容形式收益

短视频和直播作为主要收入内容形式，收益模型如下。

（1）短视频内容类型收益模型：一口价商务报价 / 按照效果结算 CPS+ 平台 &MCN 的佣金抽成。

（2）直播内容类型收益模型：直播打赏（粉丝打赏体系）+ 直播带货 + 赞助 / 合作。

打赏收入：在直播过程中，粉丝通过送礼物的方式打赏主播，主播与平台按比例分成。这是直播达人的主要收入来源之一。比如：小 A 通过在抖音和快手平台进行直播，每月获得的打赏收入达数十万元，平台抽成后，剩余部分由达人和 MCN 机构按 8∶2 的比例分成，小 A 拿到了较可观的收入。

（3）平台补贴：为了激励优质内容创作，平台会向达人提供一定的补贴或奖励。

类型三：带货赢利

达人通过孵化自有品牌或与品牌合作，通过短视频、直播、图文 3 种内容形式带货赢利，首先，可以从品牌利润空间中获得收入，其次，可以赚取佣金分成，有机会获得坑位费。

（1）短视频带货模式：短视频上热门 + 直播带货、种草转化 + 内容为主。

（2）直播带货模式收益模型：坑位费 + 佣金收入（包含分销推广收入）；

依订单来源和类目收取一定比例的技术服务费。

佣金收入是指通过直播带货或短视频推荐产品，按销售额的一定比例获得佣金。平台通常会抽取部分佣金，剩下的部分由达人和MCN机构分成。

8.2.4 案例分析：无忧传媒异军突起之路

无忧传媒成立于2016年，是一家专业的互联网型经纪公司，核心有无忧短视频、无忧直播、无忧电商三大领域。公司签约达人超过10万人，其中全约优质艺人超5 000人。

无忧传媒通过独特的发展策略和多元化的赢利模式，成为微博2016十大影响力直播机构，2023年获得抖音MCN榜第一，从2023年3月起，任中国互联网协会常务理事单位，几乎每年都包揽MCN机构行业含金量极高的奖项。

无忧传媒如何从激烈的MCN市场竞争中夺得优势并脱颖而出呢？它有什么独特的发展策略和赢利模式呢？

1. 无忧传媒的发展历程

从无忧传媒的发展历程，可以看出无忧传媒从娱乐直播开始发展，逐渐增加了短视频、电商带货，甚至涉足了音乐等领域的业务，达人规模扩大的同时涉足品类也更为广泛，包含但不限于美妆、时尚、生活、科技等。当然，无忧电商也通过与知名品牌进行合作，提升内容商业价值和赢利能力，以多种方式实现收入增长，比如软广植入、品牌代言、达人营销等。

无忧电商在2016年以微博为业务基本点，迅速异军突起，在当时如日中天的微博，问鼎MCN机构第一，后续从微博平台转向抖音巨量星图发展，它的发展业务线从单一走向了多元化，业务赢利模式也在业务板块持续拓展的情况下呈现出有效性。

2. 无忧传媒的成功经验

首先，最重要的是企业理念。

一家企业的天花板往往是由老板决定的，雷彬艺作为无忧传媒的CEO，有非常多值得行业借鉴的理念，比如他对于达人的经营理念核心是："达人的成长与我有关"。

当达人遇到发展方向选择、流量和内容瓶颈等难题的时候，无忧传媒会围绕达人的成长，结合达人自身的情况，帮助他们制订发展计划，从短视频内容、直播、电商等赛道合理规划。其旗下发展起来了非常多知名且粉丝覆盖量大的超级达人。

达人找MCN合作，最本质是利益驱使，其次是情感判断。千里马常有，而伯乐不常有。无忧传媒正好成了这些网红达人的伯乐。它有成熟账号运营方法论、内容运营能力、强大的资源，能帮助达人发展起来。在这些因素驱动下，无忧传媒的签约合作主播达人超过10万人。

其次，业务流程SOP化。

MCN机构企业中，无忧传媒能够做到拔尖，高效的业务流程和业务流程运转模式起到了不容小觑的作用。

头部主播达人账号的运作不是靠单打独斗，其背后需要配备不同职能的团队，比如助播、场控、投放、采销、内容运营等。

成熟且不断迭代的业务流程的SOP化可以解决很多流程不规范导致拉慢业务进展的问题，这也加快了无忧传媒快速壮大的脚步。不管是2016年选择微博作为企业主要发力赛道，还是后来选择淘宝直播和抖音作为核心业务方向，它的每一步都走得很快很稳，实现流量营收双增长。

最后，无忧传媒通过持续摸索搭建多元化的赢利模式，实现了收入持续增长，收入来源包括但不限于带货佣金分成、达人广告收入、社交媒体平台补贴、品牌合作、账号代运营、自有品牌销售利润、内容付费、培训和讲座等。构建稳健的收入结构，保证了营收的持续性。

除了以上关键要素，还有一些重要的运营环节也发挥了重要作用。

（1）优质内容创作：无忧传媒注重内容质量和创新性，通过专业的团队和资源支持，打造了一系列高质量、受欢迎的内容，吸引了大量粉丝。

（2）达人培养和运营：无忧传媒通过系统的培训和运营支持，帮助达人成长和发展。包括内容创作培训、粉丝运营策略、商业化指导等，提升了达人的综合能力和市场价值。

（3）强大的资源整合能力：无忧传媒具备强大的资源整合能力，通过整合品牌、广告主、平台资源，为达人提供全方位的支持和服务，提升了内容质量和商业价值。

（4）品牌塑造和影响力提升：无忧传媒通过持续的品牌建设和市场推广，提升了公司的知名度和影响力，在粉丝中树立了良好的品牌形象，增强了市场竞争力。

实践证明，无忧传媒通过独特的发展策略和多元化的赢利模式，成为国内领先的 MCN 机构，这些策略也能为其他 MCN 机构提供借鉴。

8.3 直播电商模式下的品牌商家重构精准赢利之路

8.3.1 拆解直播电商这门生意的底层逻辑

直播电商本质是人、货、场的精准匹配，最大化提升流量转化效率。作为区别于传统货架模式的电商，直播带货是一种效率更高的销售模式。直播电商形成了一个闭环生态系统，涵盖了从内容创作、用户互动、商品销售到售后服务的各个环节。这个闭环生态系统，使得整个商业过程更加高效和顺畅，提高了用户体验和转化率。

直播电商解决了传统货架电商 3 个痛点，并带来了额外的用户体验优势。

痛点 1：传统电商通过图片和短视频展示商品的外观，但商品实际使用效果如何，用户只能通过一部分评论晒单进行判断。

痛点 2：传统电商商品主要以信息流方式，结合千人千面的产品逻辑对用户推送，但是好的商品是否真的能够被"看见"是一个极大的问题。

痛点 3：传统电商下单的流程会引发用户货比三家，甚至是对比不同评价，这使得用户对于价格的包容度非常低，且增加了用户的下单决策成本。

直播电商通过主播的影响力、视频预热、流量付费投放吸引用户进入直播间，有潜在购买客户基数。主播对于商品进行沉浸式使用展示，围绕商品利益点、卖点展开详细解说，头部主播则具有更强的品牌加持及宣传价值，对于选品能力、商品价格优惠力度、商品库存等更有把控力，也可以基于粉丝直播间的互动评论及时了解用户需求，给用户快速反馈，极大提升了用户体验感，并直接带来了交易赢利。

直播带货能够成功的核心逻辑有两点，性价比高、质量好的爆款商品和商品背后的供应链。主播能够将商品打造成现象级爆款，选品是核心环节。当然也离不开流量加持和粉丝成熟化运作。如何打造性价比高、质量好的爆款商品成了直播带货的重要命题。

直播电商已从主要依靠网红带货模式，发展为主播直播带货结合商家自播的模式。除此之外，直播电商也广泛应用于娱乐、游戏、教育等多个领域。直播主播也不再局限于网红，也有大量企业老板、专家、明星开设直播，在分享内容的同时带货赢利。这些趋势和变化，很大程度上提升了内容的丰富度和多样性，也持续带来了高热度的话题，带来了越来越多的粉丝。

直播电商还有以下相比于传统电商的差异化优势。

实时互动性：直播电商的核心特点在于实时互动。主播通过直播与观众建立直接沟通，解答疑问，提供产品信息。这种即时反馈的购物体验是传统电商无法比拟的。

信任建立：主播通过个人魅力和专业知识，与观众建立信任关系。观众对主播的信任往往会转化为对产品的信任，从而促进购买。

供应链整合：高效的供应链支持，确保产品价格、品质质量和库存管理，满足直播间的即时销售需求。

多渠道分发：直播电商可通过多渠道分发，如社交媒体平台、社群等，扩大影响力。

社交属性：直播电商具有较强的社交属性，观众在直播间不仅可以购买商品，还可以与其他观众交流，形成社区氛围，增加用户黏性。

场景营销：直播电商通过主播的展示和讲解，将产品使用场景生动地展现在观众面前，增强了产品的吸引力。

限时促销：直播电商往往采用限时抢购、秒杀等促销手段，制造紧迫感，刺激消费者的即时购买欲望。

用户体验优化：直播电商平台不断优化用户体验，包括界面设计、支付流程、物流配送等，以提高用户满意度。

直播电商作为一种高效的流量分发转化场景，其底层逻辑不仅体现在上述几个方面，还在于它与当前的市场环境、消费者行为及技术发展趋势相结合，从而形成一个高度整合、动态灵活的商业生态系统，为消费者提供一种全新的购物体验，同时也为品牌和商家提供新的销售和营销渠道。

平台赋能：直播电商平台通过提供技术支持、流量扶持、培训指导等多种手段，赋能主播和商家，帮助主播更好地开展直播销售活动，促进直播电商生态的健康发展。

消费者行为变化：消费者越来越注重购物的便捷性、互动性和娱乐性。直播电商正是顺应了这一趋势，通过实时互动与娱乐化的购物体验吸引消费者。

内容电商化：内容电商化是直播电商的重要特征。主播在直播中不仅是在销售产品，更是在讲述产品背后的故事，传递品牌的理念和文化，通过内容创造价值。这种内容电商化的模式，使得购物过程更加丰富和有趣，增加了用户的参与感和黏性。

去中心化销售：传统电商通常依赖于中心化的平台，而直播电商则更多地依靠个体（如主播、KOL）进行销售。去中心化的销售模式，使得更多的个体能够参与商业活动，形成多元化的销售渠道。

品牌与用户的深度连接：直播电商通过实时互动，拉近了品牌与用户之间的距离，形成深度连接。品牌能够通过直播更直接地了解用户的反馈和需求，进行产品优化和服务提升。

直播电商构建的这种生态系统，不仅满足了消费者多样化的购物需求，也为品牌和商家提供了新的发展机遇和增长动力。

8.3.2 选择适合自家品牌的直播平台

在直播电商的浪潮中，选择一个适合自家品牌的直播平台至关重要。不同的直播平台有着各自的用户群体和运营特点，品牌需要根据自身的定位和目标受众，选择合适的平台发力。

1. 平台特点分析

抖音：作为短视频和直播平台的领军者，抖音拥有庞大的用户基础和强大的算法推荐系统。抖音的用户以年轻人为主，平台注重娱乐性和互动性，非常适合时尚、美妆等行业的品牌。

快手：快手用户主要分布在三四线城市和农村地区，用户黏性高，社交属性强。快手的用户注重真实和接地气的内容，非常适合日用百货、农产品等品牌。

小红书：小红书以社区和分享为核心，用户以一、二线城市的18～35岁女性为主，注重生活方式和品质。小红书非常适合美妆、时尚、母婴等品牌，通过分享和种草的方式，吸引用户购买。

淘宝直播：作为电商平台的代表，淘宝拥有强大的电商基础和用户购买力。淘宝直播的用户有较强的购买意愿，适合综合品类销售，特别是服装、美妆、家居等。

2. 品牌定位与目标受众

品牌在选择直播平台时，需要考虑自身的定位和目标受众。例如，一个专注于高端护肤品的品牌，可能更适合在小红书或京东直播平台进行推广，而一个销售农产品的品牌，则可能更适合在快手进行直播。

3. 直播内容与形式

例如，在抖音平台上，娱乐、生活类型的直播内容相比淘宝较为丰富，短平快的直播内容淘宝直播则更聚焦主播卖货类型内容，通过详细的产品讲解和展示打动用户。

4. 数据分析与运营支持

品牌在选择直播平台时，还需要考虑平台提供的数据分析和运营支持。一个好的直播平台通常能够提供详细的数据分析，帮助品牌了解用户行为和直播效果，从而优化直播策略。此外，平台的运营支持也是重要考量因素，包括技术支持、流量扶持、培训指导等。

5. 平台合作与资源整合

品牌在选择直播平台时，还应考虑平台的合作模式和资源整合能力。一个好的直播平台不仅能够提供技术和流量支持，还能够帮助品牌进行跨平台资源整合，提升整体营销效果。

6.长期战略与品牌发展

品牌在选择直播平台时，还需要从长期战略和品牌发展的角度加以考虑。直播电商是一个长期的运营过程，品牌需要选择一个能够长期合作、共同发展的平台，确保在不断变化的市场环境中保持竞争力。

8.3.3 商家自播和达人合作直播模式对比

商家可以选择自播和与达人合作两种模式进行直播。这两种模式各有优势和挑战，商家需要根据自身情况和目标，选择最适合的模式。

1.优势

（1）品牌控制力强：商家自播可以掌控直播内容和节奏，更好地展示品牌形象和产品特点。

（2）成本可控：商家自播无须支付达人佣金，直播成本相对可控。

（3）用户直接互动：商家自播可以与用户直接链接并产生互动，及时了解用户需求和反馈，提升用户满意度。

（4）长期运营：商家自播有助于建立长期的品牌直播阵地，逐步积累粉丝和流量，形成稳定的直播生态。

2.挑战

（1）专业性要求高：商家自播需要具备直播技巧和专业知识，才能吸引用户关注和留存。

（2）流量获取难度大：商家自播在初期可能难以获得足够的流量，需要投入大量时间和资源进行推广。

（3）内容创作压力大：商家需要持续创作高质量的直播内容，保持用户的兴趣和黏性。

1.优势

（1）流量获取快：与达人合作可以快速获取大量流量，提升直播间的人气和销售转化。

（2）专业性强：达人具有丰富的直播经验和技巧，能够更好地展示产品和吸引用户。

（3）名人背书：知名达人具有较高的影响力和信任度，与达人合作可以为品牌背书，提升品牌形象。

（4）降低运营压力：达人负责直播内容创作和互动，商家可以专注于产品和物流等方面的工作。

2. 挑战

（1）成本较高：与达人合作需要支付佣金和合作费用，成本较高。

（2）品牌控制力弱：与达人合作过程中，商家对直播内容的控制力相对较弱，可能无法完全展示品牌形象。

（3）依赖性强：商家对达人的依赖性较高，如果达人合作关系不稳定，可能会对品牌直播产生不良影响。

那么中小微企业应该选择商家自播还是和达人合作呢？主要受到以下因素影响。

（1）品牌定位与目标受众：品牌需要根据自身的定位和目标受众来选择适合的直播模式。例如，品牌知名度较高、粉丝基础较好的品牌可以选择自播，而新品牌或需要快速获取流量的品牌则可以选择与达人合作。

（2）预算与资源配置：品牌在选择直播模式时，需要考虑预算和资源配置。自播模式需要投入大量的人力和时间，而与达人合作则需要较高的合作费用。品牌应根据自身的财务状况和资源情况进行选择。

（3）长期发展与短期目标：品牌在选择直播模式时，需要平衡长期发展与短期目标。如果品牌希望建立长期的直播生态，积累粉丝和流量，可以选择自播模式；如果品牌希望在短期内迅速提升销售和知名度，可以选择与达人合作。

综上所述，品牌可以采取综合策略，结合自播和达人合作的优势。例如，品牌可以在初期通过与达人合作快速获取流量和知名度，待品牌直播团队成熟后，再逐步转向自播模式，形成长期的直播生态。

8.3.4 直播带货赋能品牌重构、精准赢利之路

直播带货不仅是销售渠道拓展的重磅武器，更是品牌重构和精准赢利的重要手段。通过直播带货，品牌可以实现从品牌宣推、产品推广到用户管理全方位的提升，构建全新的商业生态。

1. 提升品牌曝光度

直播带货通过实时互动和社交分享，能够迅速提升品牌的曝光度。品牌可以通过主播在直播间展示高性价比的商品，以及高折扣的促销活动，吸引大量用户关注和参与，扩大品牌的影响力。

2. 构建品牌信任

主播在直播带货中与用户进行实时互动及专业讲解，可基于主播影响力进一步增强用户对品牌的信任感。主播通过详细的产品介绍和实际使用效果展示，使用户更直观地了解产品，增加购买信心。

3. 精准用户触达

通过直播带货，品牌可以实现对目标用户的精准触达。直播平台通过大数据分析，能够准确定位潜在用户，并通过算法推荐，将直播内容推送给相关用户，提高用户转化率，也可以通过直播团队提前布局社群、短视频等进行直播预热，并通过信息流广告投放引流，提升直播间观看人数，带来高效用户转化。

4. 优化产品策略

品牌通过直播带货，能够实时获取用户的反馈和意见，从而优化产品策略。用户在直播间的互动和评论，可以为品牌发展提供宝贵的市场洞察，帮助品牌改进产品设计。

5. 提高销售转化率

直播带货中的限时促销和优惠活动，可以有效刺激用户的购买欲望，提升销售转化率。主播通过专业的销售技巧和产品讲解展示，并借助秒杀、限时折券等营销手段，快速触达目标用户，筛选出意向购买群体，在短时间内

实现高效的销售转化。

6. 促进用户留存

直播带货不仅可以吸引新用户，还能促进老用户的留存和活跃。品牌通过定期的直播活动和互动，可以增强用户黏性，培养忠实粉丝群体，形成稳定的用户基础。

7. 提升品牌形象

通过直播带货，品牌可以更生动地展示品牌文化和价值观，提升品牌形象。主播在直播过程中可以讲述品牌故事、介绍品牌理念，让直播间粉丝对品牌有更深入的了解和认同，提升消费动力。

8. 数据驱动的营销优化

直播带货过程中产生的大量数据，可以为品牌提供精准的营销分析和优化依据。品牌可以通过数据分析，了解用户画像、年龄、城市、性别、消费力等，为品牌推出产品、产品定价提供具体依据，当然也可以助力优化直播内容和营销策略，提高整体营销效果。

9. 多渠道联动

品牌可以通过多渠道联动，增强直播带货的效果。直播带货不仅可以在电商平台进行，还可以结合社交媒体、短视频平台等多种渠道通过多渠道布局和品牌联动，形成全方位的营销网络，扩大品牌的影响力。

10. 创新营销模式

直播带货为品牌增加了多样化创新的营销模式的可能性。品牌可以选择与不同类型的主播合作，尝试多种直播形式，如产品线上发布会、户外直播、反向带货、PK带货等，提升直播的趣味性和吸引力。

综上所述，直播带货不仅是品牌实现精准赢利的重要手段，更是品牌重构的重要工具。通过直播带货，品牌可以提升曝光度、构建信任、精准触达用户、优化产品策略、提高销售转化率、促进用户留存、增强品牌形象、以数据驱动营销优化、多渠道联动、创新营销模式，从而实现品牌的全面提升和发展。

8.3.5 直播电商的未来发展趋势

经过不断发展和演变，直播电商未来将更加多元化和技术化。AI 技术逐渐发展和成熟，为直播形式创新提供了更多可能性。品牌需要紧跟这些趋势，以保持竞争力和创新能力。

1. 技术驱动的创新

未来的直播电商将越来越依赖先进技术的驱动。AI、VR/AR、大数据等技术将被广泛应用于直播电商中，以提升用户体验和销售转化率。例如，AI 可以用于智能推荐和个性化互动，也可以用于语言翻译适配跨境出海业务；VR/AR 可以提供虚拟试穿和场景化购物体验。

2. 消费群体的崛起

随着年轻一代和"Z 世代"逐渐成为消费主力，他们对直播电商的需求和偏好将深刻影响行业的发展。品牌需要深入了解新消费群体的行为特点和消费习惯，打造符合其需求的直播内容和购物体验。

3. 全渠道融合

全渠道融合将成为直播电商的主要发展方向。品牌将通过线上线下结合的方式，打造无缝的购物体验。线上直播与线下活动相结合，可增强与用户的互动和品牌体验，形成全渠道的营销闭环。

4. 内容与电商的深度融合

未来的直播电商将更加注重内容创作的质量。高质量的内容不仅能吸引用户，还能增强用户黏性。品牌致力于内容创作，打造有影响力的直播内容，并通过电商平台实现赢利。

5. 社交化与社区化

社交化与社区化将成为直播电商的重要趋势。品牌将通过社交媒体的传播和社区平台的互动，与用户建立更紧密的联系。甚至可以学习小米社区、乐高社区等，打造用户共创模式，让用户深度参与产品迭代、创意设计、科研建议提出等环节，既帮助品牌提升知名度和用户忠诚度，也为品牌创新注入新鲜血液。

6.数据驱动的精细化运营

数据驱动的精细化运营将越来越成为直播电商的重要策略。品牌可通过数据分析，将用户画像需求精细化分层管理，提供匹配不同类型用户的直播内容和营销方向，提升运营效能。

7.直播电商的生态系统建设

未来的直播电商将更加注重生态系统的建设。品牌、平台、主播、供应链等多方紧密合作，共同打造一个高效的直播电商生态系统，实现资源共享和协同发展。

以淘宝直播为例，作为直播电商平台代表之一，通过自身资源和技术优势，打造了直播电商生态系统。

（1）平台优势与资源整合：淘宝直播依托淘宝强大的电商基础设施和用户流量，通过资源整合和技术赋能，提升直播电商的整体水平。

（2）多样化的直播内容：淘宝直播内容形式多样，涵盖商品展示、生活分享、知识讲解等多种类型，满足不同用户的需求。

（3）品牌合作与赋能：淘宝直播通过与品牌合作，提供技术支持和流量扶持，帮助品牌提升直播效果，实现销售增长。

直播电商作为一种日趋完善成熟的商业模式，正以其独特的优势和强大的生命力，改变着传统的商业格局。通过技术创新、内容创作、平台赋能和生态系统建设，直播电商不仅可以实现品牌重构和精准赢利，还可以为品牌和生产者提供全新的发展机遇和增长动力。

随着技术的不断进步和市场环境的变化，直播电商已经呈现白热化竞争态势，也成为中小微企业触达流量、品牌营销和销售的重要渠道。品牌需要紧跟行业发展趋势，不断创新和优化直播策略，以应对不断变化的市场需求和消费者行为，实现持续增长和成功。

综上所述，直播电商不仅是一种销售工具，更是品牌重构和精准赢利的重要手段。通过深入理解和实践直播电商的底层逻辑和发展趋势，中小微企业可以在激烈的市场竞争中脱颖而出，为自己的商品、服务和品牌赢得更多目标用户和市场份额。

8.3.6 案例分析：珠宝行业靠线上直播爆发式增长新思路

近年来，珠宝行业通过线上直播找到了新的增长点，直播逐渐成为行业内的重要销售渠道。本文将通过具体案例分析，探讨珠宝行业如何通过线上直播实现爆发式增长，以及其中的成功经验和策略。

案例一：周大福的直播转型

周大福作为传统珠宝行业的龙头企业，近年来积极探索线上直播渠道，实现了品牌的数字化转型。

1. 创新直播形式

除传统的产品细节展示和直播间促销带动销量的形式外，周大福持续探索直播创新形式，并带来了亮眼的成果。例如，周大福曾非洲博茨瓦纳开展五场天然钻石非洲溯源直播活动，只为让直播间用户亲眼目睹天然钻石开采、珠宝加工等的全流程；也曾在 TVB 识货淘宝直播间中，由多位知名香港演员佩戴品牌的名贵珠宝走 T 台，带来了极好的反馈，与此同时，讲述品牌设计理念，借助其影响力，带来极好用户反馈……以上，充分增强了用户对品牌的信任感和认同感。

2. 精准用户定位

周大福利用大数据分析技术，对用户进行精准分析和画像定位。在直播前，通过对用户行为和偏好的分析，确定目标用户群体，并通过社交媒体、短信、邮件等方式进行精准推广，配合广告投放，触达并积累了较多潜在目标消费者，确保了直播间内的高转化率。

3. 专业主播团队

周大福组建了一支专业的直播团队，包括经验丰富的珠宝顾问和专业主播。比如，外景直播团队在线带领直播间用户深入非洲博茨瓦纳钻石矿区，历经 20 余天直播，展示天然钻石从勘探、开采到成品全流程。他们不仅能够提供专业的珠宝知识，还能通过与观众的互动，解答疑问和提供购买建议，提升用户的购买体验。

案例二：老凤祥的直播营销策略

老凤祥作为一家拥有 168 年历史的知名珠宝品牌，通过直播营销实现了线上销售的快速增长。

1. 多平台直播

老凤祥选择在多个平台进行直播，包括抖音、快手、淘宝直播等。通过多平台的覆盖，老凤祥能够触达不同的用户群体，扩大品牌的影响力和销售渠道。

2. 优质内容生产

老凤祥在直播内容的创作上投入了大量精力，推出了珠宝搭配和配佩展示、珠宝知识讲座等多种内容形式。这些精彩的直播内容不仅能够吸引用户观看，还能增强用户的黏性和忠诚度。

3. 互动促销活动

老凤祥通过在直播中设置互动促销活动，如超值优惠、销量秒杀等，在特定时段还有如"黄金克减 100，工费 19.9 起"等福利，激发用户的购买欲望。通过这些活动，老凤祥在短时间内实现了高销售额，增加了用户的购买频率。与此同时，消费者还可以获得官方认定的鉴定证和正规购买凭证。

通过以上案例分析，我们可以总结出珠宝行业在直播电商中的成功经验。

（1）创新内容形式。珠宝品牌通过创新的直播内容形式，如珠宝制作过程展示、珠宝搭配教程等，吸引用户关注，增强品牌信任。

（2）精准用户定位。利用大数据分析技术，对用户进行精准定位和推送，确保直播间内的高转化率。

（3）广告流量投放。直播间要提升进房数，可以通过直播间关注提升自然流量，还可以通过广告流量投放提升曝光流量和人气。

（4）主播团队。组建专业的直播团队或和专业主播进行合作，提供专业的珠宝知识和购买建议，提升用户购买体验。

（5）多社交媒体覆盖。通过在多个社交媒体平台开展直播，在扩大品牌影响力的同时拓宽销售渠道。

（6）互动促销活动。通过设置互动促销活动，激发用户的购买欲望，提升直播间交易额。

（7）数据分析优化。通过数据分析，不断优化直播内容和直播策略，提升用户体验和转化率。

总之，珠宝行业通过线上直播实现了新的发展和增长。品牌可以不断创新和优化直播策略，以应对市场变化，实现持续的增长和成功。

8.4　线上线下联动打造粉丝规模经济的增长飞轮

8.4.1　打通用户线上线下消费场景

在现代商业环境中，品牌需要打通用户的线上和线下消费场景，以实现无缝对接的购物体验和更高的用户黏性。通过整合线上线下资源，品牌可以提供更丰富的消费体验，增强用户忠诚度，并最终推动销售增长。

1. 全渠道购物体验

品牌需要构建全渠道的购物体验，让用户无论是在线上还是线下都能享受一致的服务。例如，用户可以在品牌的线上商城浏览产品，选择到店自提，或者在实体店体验产品后在线上下单。这样不仅使用户购物更便利，也增加了品牌的触达机会。

2. 会员体系的联动

通过线上线下会员体系的打通，品牌可以更好地管理用户数据，进行精准营销。用户在任意渠道的消费记录都会被整合到统一的会员系统中，品牌可以根据用户的历史消费行为进行个性化推荐和促销活动，从而提升用户的重复购买率。

3. 移动支付与积分系统

移动支付的普及为品牌提供了更多与用户互动的机会。品牌可以通过积分系统将线上线下消费结合起来，用户在线上线下的每次消费都能累计积分，积分可以兑换商品或享受折扣。这不仅能鼓励用户多渠道消费，也增加了用户与品牌的互动频率。

4. 线上线下活动联动

品牌可以策划线上线下联动的促销活动，如线上预热、线下体验、全渠道促销等。例如，在重大节日或新品发布时，品牌可以先通过线上渠道进行预热宣传，吸引用户关注，然后在线下门店举办体验活动或是商品溯源活动，最后通过线上线下共同促销，提升销售转化率。

5. 实时库存与物流管理

为了确保用户在各个渠道的购物体验一致，品牌需要实现实时的库存和物流管理。用户在任何一个渠道下单后，品牌都能准确了解库存情况，物流系统也能及时跟进订单，确保快速交付。这样不仅提升了用户的购物满意度，也减少了品牌的库存压力。

8.4.2 多渠道曝光吸引目标粉丝群体

在如今的数字化时代，品牌需要通过多渠道的曝光来吸引目标粉丝群体。通过整合线上线下的资源和渠道，品牌可以覆盖更广泛的用户群体，提升品牌的知名度和影响力。

1. 社交媒体营销

社交媒体是品牌曝光的重要渠道。品牌可以通过在社交媒体平台发布优质内容，吸引目标粉丝的关注。内容可以是产品介绍、用户评价、使用教程、品牌故事等。通过生动有趣的方式传递品牌信息，增强用户对品牌的好感和信任。

2. 与 KOL 合作

与 KOL 合作，是快速提升品牌曝光度的重要策略。KOL 拥有大量忠实粉丝，通过他们的推荐和宣传，品牌可以迅速覆盖目标粉丝群体，提升品牌知名度和美誉度。同时，品牌可以选择与自身定位契合的 KOL 合作，确保推广的精准性和有效性。

3. 内容营销与 SEO 优化

内容营销和 SEO 优化是提升品牌在线曝光度的重要手段。品牌可以通过发布高质量的原创内容，如博客文章、视频、白皮书等，吸引用户的关注。同时，通过 SEO 优化提升品牌网站的搜索引擎排名，增加品牌在搜索引擎中的曝光率，让更多用户在搜索相关关键词时能够看到。

4.线下活动与广告投放

线下活动和广告投放也是品牌曝光的重要渠道。品牌可以通过举办线下活动，如新品发布会、商品溯源、促销活动等，吸引用户参与和关注。同时，通过在传统媒体和户外媒体投放广告，扩大品牌的曝光范围，提升品牌的知名度。

5.跨界合作与推出联名款

跨界合作与推出联名款是品牌吸引目标粉丝的有效策略。通过与其他品牌或IP的合作，品牌可以吸引双方的粉丝群体，扩大品牌的受众范围。例如，品牌可以与知名IP合作推出联名产品，吸引IP的粉丝关注和购买，提升品牌的曝光度和影响力。

8.4.3　多样化运营筛选培养品牌忠粉

在激烈的市场竞争中，品牌需要通过多样化的运营手段，筛选并培养品牌的忠实粉丝，提升用户的忠诚度和黏性。

1.精准用户画像

通过大数据分析技术，品牌可以构建精准的用户画像，了解用户的行为习惯和偏好。基于用户画像，品牌可以进行个性化的运营和营销活动，提升用户的参与感和忠诚度。例如，针对不同的用户群体，品牌可以推出定制化的产品推荐和促销活动，满足用户的个性化需求。

2.多样化的互动活动

通过多样化的互动活动，品牌可以增强与用户的互动。例如，品牌可以通过社交媒体平台举办各种互动活动，如有奖问答、投票、抽奖等，吸引用户参与和互动。同时，品牌可以通过线下活动，如粉丝见面会、体验活动等，增强用户对品牌的好感和信任。

3.内容社区建设

品牌可以通过建设内容社区，提升用户黏性和忠诚度。在内容社区中，用户可以分享自己的使用体验，交流使用心得，提出问题和建议等，从而形成一个品牌粉丝的互动平台。品牌可以通过内容社区了解用户的需求和反馈，提升产品和服务质量，同时增强用户的归属感和忠诚度。

4. 会员体系与福利

通过建立会员体系，品牌可以有效管理用户关系。品牌可以根据用户的消费行为和活跃度，制订不同等级的会员制度，提供相应的会员福利和特权。例如，品牌可以为会员提供专属优惠、优先购买权、生日礼物等福利，增强用户的归属感和忠诚度。

5. 个性化服务与体验

品牌可以通过大数据分析技术，了解用户的偏好和需求，提供个性化的产品推荐和服务。同时，品牌可以通过提供一对一的专属服务，如私人顾问、定制服务等，提升用户对品牌的满意度和忠诚度。

8.4.4　找出流量胜负手，撬动规模增长杠杆

在竞争激烈的市场环境中，品牌需要找到撬动规模增长的关键流量渠道和策略，实现流量的高效转化和快速增长。

1. 精准的流量投放

通过精准的流量投放，品牌可以提升流量的转化率和 ROI（投资回报率）。品牌可以利用大数据分析技术，对用户进行精准定位和投放，确保流量的高效转化。例如，品牌可以通过社交媒体平台进行精准广告投放，吸引目标用户的关注和点击，提升流量的转化率。

2. 流量入口的优化

品牌需要不断优化流量入口，提升用户的体验和转化率。例如，品牌可以通过优化官网和电商平台的用户界面和导航，提升用户的访问体验和购买转化率。同时，品牌可以通过 SEO 优化提升网站的搜索引擎排名，增加流量的自然导入，提升流量的转化率。

3. 多样化的流量渠道

品牌需要通过多样化的流量渠道，提升品牌的曝光度和流量转化率。例如，品牌可以通过社交媒体平台、内容社区、KOL 合作等多种渠道，吸引目标用户的关注和点击，提升流量的转化率。同时，品牌可以通过线下活动和

广告投放，扩大品牌的曝光范围，增加流量的导入。

4. 持续的用户运营

品牌需要通过持续的用户运营，提升用户黏性和忠诚度，增加用户的重复购买率和口碑传播。例如，品牌可以通过会员体系、内容社区、互动活动等方式，与用户保持持续的互动和沟通。同时，品牌可以通过用户口碑和推荐，吸引更多的用户。

5. 创新营销手段

在激烈的市场竞争中，创新的营销手段可以为品牌带来新的流量和增长点。例如，品牌可以利用短视频平台进行病毒式营销，通过创意视频吸引用户关注和分享，迅速提升品牌的曝光度和流量。同时，品牌可以通过线上线下结合的互动营销活动，增加用户的参与度和黏性。

8.4.5　案例分析：华熙生物旗下功能性护肤品牌的增长飞轮

华熙生物作为功能性护肤领域的领军企业，通过科技创新、消费者洞察运营、品牌线上线下联动营销，实现了品牌的快速增长。功能性护肤品作为华熙生物重点布局的业务领域之一，2024 年度实现收入 37.57 亿元，整体营收入达 53.7 亿元。

2024 年 4 月 29 日，华熙生物发布 2023 年年度报告与 2024 年一季度报。2023 年年报显示，实现营业收入 60.76 亿元。其中，原料业务实现收入 11.29 亿元，同比增长 15.22%；医疗终端业务实现收入 10.90 亿元，同比增长 58.95%。此外，2024 年一季度财报显示，营业收入 13.6 亿元，同比上升 4.4%；归属于上市公司股东的扣除非经常性损益的净利润为 2.31 亿元，同比上升 53.30%，整体运营情况呈现健康稳健的发展状态。

功能性护肤品是指专门针对问题性皮肤，有一定治疗作用的药理性护肤品，其中含有药物成分。这类产品介于普通护肤品与皮肤科药品之间，运用活性成分修复皮肤屏障并能够针对性地解决各种皮肤问题。功能性护肤品的主要功能包括补水、美白、防晒、抗糖、抗衰老、祛红、祛痘，等等。

华熙生物旗下拥有多样化的功能性护肤品品牌矩阵，并且按照差异化定位进行子品牌开发，包括专注玻尿酸科技修护的润百颜、抗初老护肤的夸迪、敏感肌护理的米蓓尔、油皮护肤的 BM 肌活四大功能性护肤品牌，除此之外，还有润月雅、德玛润、新瑞、REVITACARE、润熙禾、海宝诗、甜朵、德玛润、新瑞、WO 及润熙泉等子品牌，满足用户不同类型的需求。

以下是对华熙生物旗下功能性护肤品牌增长飞轮的详细分析。

华熙生物刘喆说："从科学本质出发，不断创造技术的可能性；从消费者需求出发，不断洞察消费者需求。"这很好说明了华熙生物增长飞轮的关键点。

第一个层面是技术创新。

华熙生物在功能性护肤品研发层面持续进行科技创新，专注于"差异成分组合""活性物的传递管控技术"两大方向，推出多个原料组合物与配方技术的创新成果，为产品技术升级和市场竞争力提升注入新动力。

第二个层面是洞察消费者需求并完成用户运营。

1. 多渠道曝光吸引目标粉丝群体

华熙生物通过多渠道曝光的策略，成功吸引了大量目标粉丝群体。品牌在社交媒体平台进行内容营销，发布护肤教程、产品使用心得、用户评价等优质内容，吸引用户关注。同时，通过与 KOL 和 KOC 的合作，迅速提升品牌在用户中的知名度和影响力。此外，华熙生物还通过线下活动和广告投放，扩大品牌的曝光范围，吸引更多用户关注。

2. 多样化运营筛选培养品牌忠粉

华熙生物通过多样化的运营手段，筛选并培养了大批品牌忠实粉丝。品牌构建了完善的会员体系，根据用户的消费行为和活跃度，提供不同等级的会员福利和特权。同时，品牌通过内容社区和社交媒体平台，与用户保持持续的互动，增强用户的参与感和归属感。通过精准的用户画像和个性化服务，华熙生物成功提升了用户对品牌的满意度和忠诚度。

3. 找出流量胜负手，撬动规模增长杠杆

华熙生物通过精准的流量投放和创新的营销手段，找到了撬动规模增长的关键杠杆。品牌利用大数据分析技术，对用户进行精准定位和投放，确保

流量的高效转化。例如，品牌在社交媒体平台进行精准广告投放，吸引目标用户的关注和点击，提升流量的转化率。同时，品牌通过短视频平台进行病毒式营销，利用创意视频迅速提升品牌的曝光度和流量。此外，华熙生物还通过社交电商渠道，直接与用户互动和销售，实现流量的裂变式增长。

第三个层面是品牌线上线下联动营销。

1. 打通线上线下消费场景

华熙生物通过整合线上线下资源，打通了用户的消费场景，提升购物便利性，从而提高了用户黏性。企业不仅在各大电商平台开设旗舰店，还在全国范围内布局线下实体店。用户可以在线上购买产品，也可以在线下门店体验和购买，享受到一致的购物体验。

2. 多渠道曝光

通过社交媒体营销、KOL 合作、内容营销、线下活动和广告投放等多渠道曝光策略，吸引目标粉丝群体，提升品牌知名度和影响力。

3. 创新营销

通过精准的流量投放、创新的营销手段和社交电商渠道，找出撬动规模增长的关键杠杆，实现流量的高效转化和快速增长。